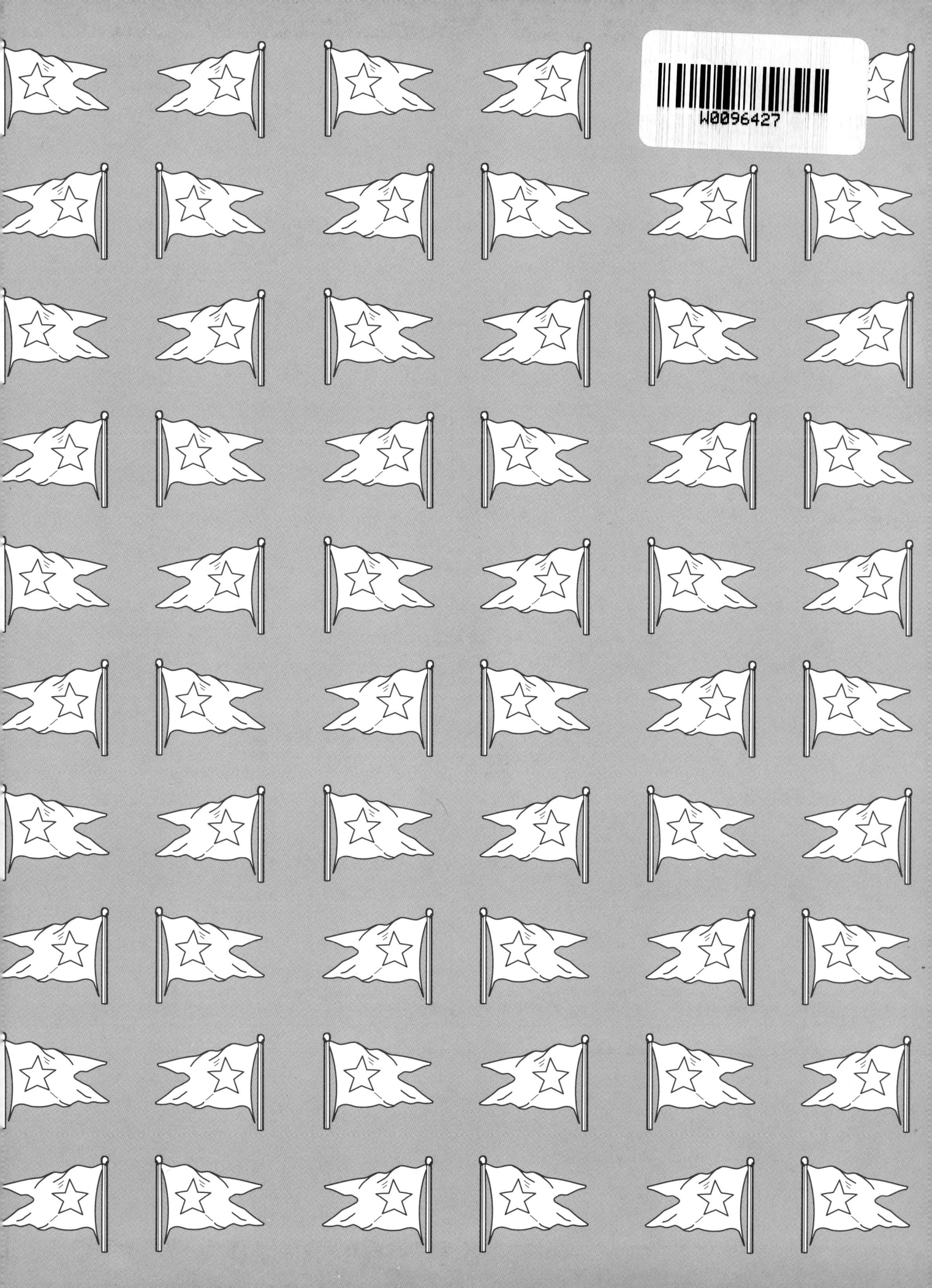

# TITANIC

WHITE STAR LINE
D
STATE ROOM
No _____ Berth _____
· STATE ROOM ·

Gepäckaufkleber
für Einzelkabine

CROWS NEST
KEY
TELEPHONE

Schlüssel für
das Telefon im
„Krähennest"

Modell
der *Titanic*

Vergoldeter Leuchter

Wannenarmatur
der 1. Klasse

Sehen · Staunen · Wissen

Glocke aus dem
„Krähennest"

# TITANIC

## Die berühmteste Katastrophe in der Geschichte der Seefahrt

Text von
Simon Adams

Rettungsring

Morseapparat

Signallampe

Gerstenberg Verlag

Kompasskopf

Bullauge

Kapitän Smith

Logometer

Gedenkplakette

Kompassstand

Die Deutsche Bibliothek - CIP-Einheitsaufnahme

Ein Titeldatensatz für diese Publikation ist bei
Der Deutschen Bibliothek erhältlich.

Ein Dorling-Kindersley-Buch
Originaltitel: Eyewitness Guides: Titanic
Copyright © 1999 Dorling Kindersley Ltd., London
Lektorat: Melanie Halton, Linda Martin
Layout und Gestaltung: Polly Appleton, Andrew O'Brien,
Julia Harris, Karen Lieberman, Mark Regardsoe
Herstellung: Kate Oliver
Bildrecherche: Claire Taylor

Gesetzt nach neuer Rechtschreibung
Aus dem Englischen von Margot Wilhelmi, Sulingen
Redaktionelle Bearbeitung der deutschsprachigen Ausgabe
von Christa Becker, Hemsbach
Deutsche Ausgabe Copyright © 2001 Gerstenberg Verlag,
Hildesheim
Alle deutschsprachigen Rechte vorbehalten

Satz bei Gerstenberg Druck GmbH, Hildesheim
Printed in China
ISBN 3-8067-4520-X

01  02  03  04  05    5  4  3  2  1

Gepäckaufkleber für die 1. Klasse

# Inhalt

Spielkarten der
White Star Line

# Überseereisen

In den Tagen der Segelschifffahrt benötigte man für Reisen zwischen den Kontinenten Wochen, wenn nicht Monate, und die Gefahr, dass die Passagiere an Krankheiten starben, war ebenso groß wie die, dass sie Schiffbruch erlitten oder ertranken. Die Entwicklung schneller und relativ sicherer Dampfschiffe Mitte des 19. Jahrhunderts veränderte die Schifffahrt und ermöglichte es, den Ozean schneller und billiger zu überqueren als je zuvor. Die Werften bauten immer größere und schnellere Passagierschiffe, die für ihre Reedereien regelmäßig zwischen den Kontinenten verkehrten, und statteten sie mit jedem erdenklichen Luxus aus, um gut zahlende Passagiere für die 1. Klasse anzulocken. In diese Welt des Wettbewerbs wurde die *Titanic* vom Stapel gelassen.

*Die Freiheitsstatue überragt den New Yorker Hafen.*

**DIE FREIHEIT WINKT**
Viele 3.-Klasse-Passagiere an Bord der Nordatlantikliner hatten keine Rückfahrkarte. Sie flohen vor Armut und Unterdrückung aus Europa in die „Neue Welt" – nach Amerika –, um dort ein neues Leben zu beginnen. Zwischen 1900 und 1914 wanderten über 12 Mio. Menschen so aus der Alten in die Neue Welt aus.

**RED STAR LINE**
Eine der vielen Schifffahrtslinien, die Dampfer über den Atlantik schickten, die belgische Red Star Line, wurde 1893 von John Pierpont Morgan aufgekauft. Sie fusionierte später mit der White Star Line, der die *Titanic* gehörte.

**DIE *SIRIUS***
Das erste Schiff, das den Atlantik nur mit Dampfkraft überquerte, war die 1836 in Glasgow/Schottland gebaute *Sirius*, ein 711-Tonner-Schaufelraddampfer. Die *Sirius* verließ London am 28. März 1838 mit dem Ziel Queenstown/Irland. Dort nahm sie 40 Passagiere und 457 t Kohle an Bord. Sie lief am 22. April in New York ein, nach einer ereignisreichen 18-tägigen Fahrt, bei der man gezwungen war, Mobiliar und den Notmast zu verheizen, weil die Kohle ausging.

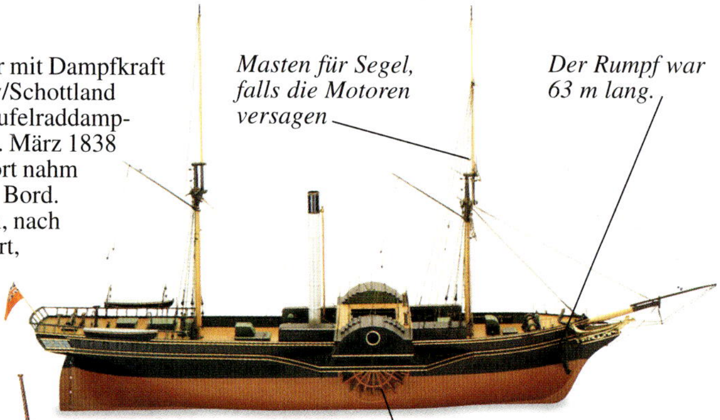

*Masten für Segel, falls die Motoren versagen*

*Der Rumpf war 63 m lang.*

*Schaufelräder, angetrieben von Dampfmaschinen*

**GREAT EASTERN**
Die von Isambard Kingdom Brunel (1806–1859) konstruierte *Great Eastern* war fünfmal so groß wie andere Schiffe ihrer Zeit. Sie konnte 12.193 t Kohle bunkern und 4000 Passagiere ohne Zwischenstopp bis nach Australien bringen. Doch kaum jemand wollte auf so einem riesigen Schiff reisen und so wurde die *Great Eastern* 1863, drei Jahre nach ihrer Jungfernfahrt, zu einem Kabelverlegeschiff umgebaut.

*Sechs Masten trugen 5435 m² Segel.*

*Die Great Eastern war 208 m lang, 36 m breit und wog 19.220 t.*

*Jede Schaufel hatte einen Durchmesser von 17,5 m.*

Brücke

70.000-PS-Turbinen schickten Abgase durch vier Schornsteine.

Promenadendecks der 1. Klasse

Salon und Musik-zimmer der 1. Klasse

Verandacafé

Salon der 2. Klasse

Wachraum

*Die* Mauretania *war 228 m lang und wog 32.000 t.*

## DIE *MAURETANIA*

Die *Mauretania* und ihr Schwesterschiff, die *Lusitania*, waren der Stolz der Cunard Line (unten links). Die *Mauretania* war mit vier gewaltigen Dampfturbinen ausgestattet. Ihre Motoren lieferten 75 % mehr Energie als die der *Titanic*. Daher stellte die *Mauretania* auf ihrer Jungfernfahrt 1907 einen neuen Geschwindigkeitsrekord auf: Sie überquerte den Atlantik in vier Tagen und 19 Stunden (Durchschnittsgeschwindigkeit: 27,4 Knoten). Der Rekord wurde erst 1929 gebrochen.

Prachtvolle Marmorsäulen

## DIE WHITE STAR LINE

Die 1871 von dem Liverpooler Schiffseigner Thomas Ismay gegründete White Star Line entstand aus einer bankrotten Klipperflotte, die zwischen Großbritannien und Australien verkehrte. Die irische Werft Harland & Wolff erhielt den Zuschlag zum Bau aller White-Star-Schiffe.

## DIE CUNARD LINE

Samuel Cunard leitete zusammen mit seinem Bruder Joseph in Halifax/ Kanada ein Schifffahrtsunternehmen, ehe er 1839 eine Schifffahrtslinie aufbaute, die Post zwischen England und Kanada beförderte. Die Cunard Line entwickelte sich bald zur wichtigsten Schifffahrtslinie im Nordatlantik und zum Konkurrenten der White Star Line.

*„Bei Möblierung und Ausstattung wurde alles darangesetzt, die Unterkünfte der 1. Klasse denen der feinsten Hotels an Land mehr als ebenbürtig zu gestalten."*

AUSZUG AUS *DER SCHIFFSBAUER*

## LUXUSLINER

Bei der Ausstattung der Atlantikliner (Linienschiffe über den Atlantik) wurde nicht gespart. Für die Passagiere der 1. Klasse wurden die Salons und Kabinen in historischen Stilrichtungen gestaltet. Oft glich die Ausstattung mit ihrer üppigen Holzvertäfelung, Marmor und Vergoldungen noblen Landsitzen. In der 2. Klasse waren die Kabinen immer noch überdurchschnittlich ausgestattet, während viele Passagiere der 3. Klasse erstmals in ihrem Leben gute sanitäre Einrichtungen und Tischwäsche genießen konnten.

## SCHIFFSMAGNAT

Der amerikanische Bankier, Industrielle, Stahl- und Eisenbahnmagnat John Pierpont Morgan war einer der reichsten Männer seiner Zeit. 1893 kaufte er drei Schifffahrtslinien und baute seine Vorherrschaft in der Nordatlantikschifffahrt aus. Mit dem Erwerb der White Star Line 1903 schaffte Morgans Konzern den Sprung an die Spitze.

# Der Bau der *Titanic*

Seit ihrer Gründung im Jahr 1871 hatte die White Star Line alle ihre neuen Schiffe bei der Werft Harland & Wolff im nordirischen Belfast bestellt. Die Werft leistete hervorragende Arbeit bei Konstruktion und Bau und die Arbeiter waren stolz auf die vielen berühmten Schiffe, die sie gebaut hatten. Am 31. März 1909 fand die Kiellegung der *Titanic* statt – und von nun an ging es rasend schnell voran. Täglich hörte man den Lärm schwerer Maschinen und Hämmer auf dem Werftgelände. Zuerst wurden die Kielplatten eingepasst. Dann, als die Rahmenkonstruktion fertig war, wurden Spanten und Deckplatten installiert. Die gewaltigen stählernen Rumpfplatten von bis zu 9 m Länge wurden mit über drei Millionen Nieten befestigt. Im Mai 1911, kaum mehr als zwei Jahre nach dem Beginn der Bauarbeiten, war die *Titanic* so weit fertig, dass man sie vom Stapel lassen konnte.

**ARBEIT FÜR VIELE**
Die normale Belegschaft von Harland & Wolff war etwa 6000 Mann stark. Diese Zahl wuchs auf mehr als das Doppelte, damit man die *Titanic* und ihr Schwesterschiff, die *Olympic*, bauen konnte. Die Werft war der größte Arbeitgeber in Belfast und die Arbeiter lebten in einem Gewirr von Gassen rund um die Werft.

**SCHIFFSBAU-UNTERNEHMER**
Lord William Pirrie, Aufsichtsratsvorsitzender der Belfaster Werft Harland & Wolff, war seit 1862 für das Unternehmen tätig. 1907 arbeiteten er und Bruce Ismay, Aufsichtsratsvorsitzender der White Star Line, einen Plan zum Bau von drei Luxuslinern aus. Die Schiffe sollten neue Maßstäbe hinsichtlich Luxus und Sicherheit setzen.

*„Geldverschwendung ...*
*Sie ist zu groß ... Es wird*
*einen Zusammenstoß geben ...*
*Kein Schiff ist unsinkbar ...“*

SIR J. BISSET

**IM BAU**
Als erstes der neuen White-Star-Luxusschiffe wurde die *Olympic* (rechts) gebaut, wenige Monate später begann man mit dem Bau der *Titanic* (links). Die Schiffe waren so groß, dass man für sie eine eigene Helling errichten musste. Das gewaltige Gerüst trug einen riesigen Drehwippkran und 16 Laufkräne (Laufkatzen).

## IM TROCKENDOCK

Nach ihrem Stapellauf am 31. Mai 1911 wurde der bislang noch leere Rumpf der *Titanic* zum Ausrüstungskai geschleppt. Dort wurden Motoren, Kessel und andere Maschinenteile eingebaut. Die Kabinen und Speiseräume wurden je nach Klasse mehr oder weniger luxuriös eingerichtet. Am 3. Februar 1912 schleppte man die *Titanic* ins Trockendock (unten), wo die Schiffsschrauben montiert und eine letzte Farbschicht aufgetragen wurden.

### RIESENANKER

Der gewaltige Buganker der *Titanic* war der größte der drei Anker des Schiffes. Man brauchte ein Gespann von 20 Pferden, um die schwere Last zur Werft zu transportieren, wo sie auf dem Vorderdeck installiert werden sollte. Die beiden Seitenanker waren halb so schwer wie der mittlere. Ihre Ankerketten wogen 97,5 t.

*Die Hauptwelle ist fertig, die Schraube kann angebaut werden.*

### ANTRIEB

Drei massive Turbinenwellen verbanden die Maschinen mit den Schrauben am Heck des Schiffes. Zwei trieben die Außenschrauben an, die jeweils drei Bronzeflügel besaßen. An der mittleren Welle saß eine vierflügelige, nur für den Vortrieb zuständige Schraube.

### AUS BRONZE

Die beiden Außenschrauben hatten jeweils einen Durchmesser von 7 m, die kleinere Innenschraube durchmaß 5 m. Da die Schrauben aus Bronze gegossen waren, blieb die rechte Außenschraube (oben) auf dem Meeresgrund gut erhalten.

# Schnell und „unsinkbar"?

Entgegen der allgemeinen Meinung hatten die Konstrukteure der *Titanic* nie behauptet, das Schiff sei unsinkbar oder außergewöhnlich schnell. Man hatte in erster Linie auf Luxus Wert gelegt und weniger auf Geschwindigkeit und so war die *Titanic* etwa vier Knoten langsamer als die Rivalen der Cunard Line. Die Werft Harland & Wolff behauptete, dass das Schottensystem das Schiff „praktisch unsinkbar" mache, doch die Einschränkung „praktisch" geriet schnell in Vergessenheit, zumal die riesenhafte *Titanic* mit all ihrem Luxus einen sehr verlässlichen, soliden Eindruck machte.
So galt sie allgemein als das „unsinkbare Wunderschiff".

*Massive Stahlträger stützen die Maschine.*

*Der Werftarbeiter erscheint gegenüber der gewaltigen Maschine winzig.*

### MÄCHTIGE MASCHINE
Der Antrieb der *Titanic* bestand aus zwei Kolbendampfmaschinen, die die beiden Außenschrauben in Drehung versetzten. Diese Vierzylinder-Dreifachexpansionsmaschinen waren mit 9 m Länge die größten ihrer Zeit. Dampf aus diesen beiden Monstermaschinen gelangte in eine 426,76-Tonnen-Niederdruckdampfturbine, die die mittlere Schraube antrieb.

### DAMPF ABLASSEN
Beide Maschinen hatten vier Zylinder, in denen Dampf die Kolben bewegte. Diese Bewegung wurde auf die Schraube übertragen. Das Material der Maschinen war von so guter Qualität, dass einige der Zylinder nach dem Untergang des Schiffes jahrzehntelang nahezu unversehrt erhalten blieben.

*Manche Kessel wogen über 100 t.*

### KOLOSSALE KESSEL
In den Tiefen des Schiffsrumpfes lieferten 29 Kessel mit 159 Brennöfen Dampf für die Maschinen. Sie verschlangen pro Tag über 660 t Kohle, die maximale Maschinenleistung lag bei 50.000 PS, die Höchstgeschwindigkeit bei etwa 23 Knoten. Hier sieht man die Kessel vor dem Einbau im Kessellager der Werft Harland & Wolff.

## WASSERDICHTE TÜREN

In den Schotten (Querwänden, die das Schiff in wasserdichte Bereiche unterteilen sollten) befanden sich ebenfalls wasserdichte Türen, doch nur die untersten 12 konnten von der Brücke aus elektrisch geschlossen werden. Die etwa 30 übrigen mussten von Hand verriegelt werden. Nach der Kollision wurden einige dieser Türen geschlossen, andere blieben offen, wieder andere wurden wieder geöffnet, um Pumpen aufstellen zu können.

*Die wasserdichten Türen fallen zu und schließen die Schotten.*

*Ein Loch von 10 m Durchmesser im eingedrückten Bug der Arizona.*

## KOLLISION ÜBERLEBT

Eine ganze Reihe von Schiffen hat Kollisionen mit Eisbergen überstanden. 1879 prallte die *Arizona* – der größte Dampfer seiner Zeit – frontal gegen einen Eisberg vor Neufundland. Der Aufprall drückte den Bug ein, aber das vorderste Schott hielt und das Schiff konnte langsam rückwärts nach Neufundland fahren. Niemand an Bord kam zu Schaden.

*15 Schotten unterteilten die* Titanic.

*„Ich kann mir keine Situation vorstellen, die dieses Schiff zum Sinken bringen könnte."*

KAPITÄN SMITH

## DIE SCHOTTEN

Um den Rumpf zu verstärken und die Sicherheit zu erhöhen, besaß die *Titanic* 15 Schotten, die das Schiff in 16 Kompartimente unterteilten. Im Falle eines Zusammenstoßes konnte das Schiff noch schwimmen, wenn zwei Kompartimente oder die vier kleineren Bugkompartimente voll gelaufen waren. Allerdings ragten die Schotten nur 3 m über die Tiefgangsmarke, sodass Wasser aus einem Kompartiment in das nächste überschwappen konnte, was das Ganze sinnlos machte.

**Launch**
OF
White Star Royal Mail Triple-Screw Steamer
**"TITANIC"**
At BELFAST,
Wednesday, 31st May, 1911, at 12-15 p.m.
Admit Bearer.

## VIP-KARTE

Die meisten Menschen beobachteten den Stapellauf der *Titanic* von den Ufern und Kais des Flusses Lagan in Belfast aus, einige wenige Auserwählte konnten das Ereignis in den Docks verfolgen.

## STAPELLAUF

Die *Titanic* wurde ohne viel Aufhebens am 31. Mai 1911 um 12.14 Uhr vom Stapel gelassen. Mithilfe von 3,05 t Schmierseife, 15,24 t Talg (Tierfett) und 5,08 t Talg-Öl-Mixtur glitt das Schiff innerhalb von 62 Sekunden die Schiffsrutsche hinab ins Wasser. Als es schwamm, wurde es von Schleppern zum Ausrüstungskai geschleppt, wie sieben Monate zuvor die *Olympic* (links).

# RMS *Titanic*

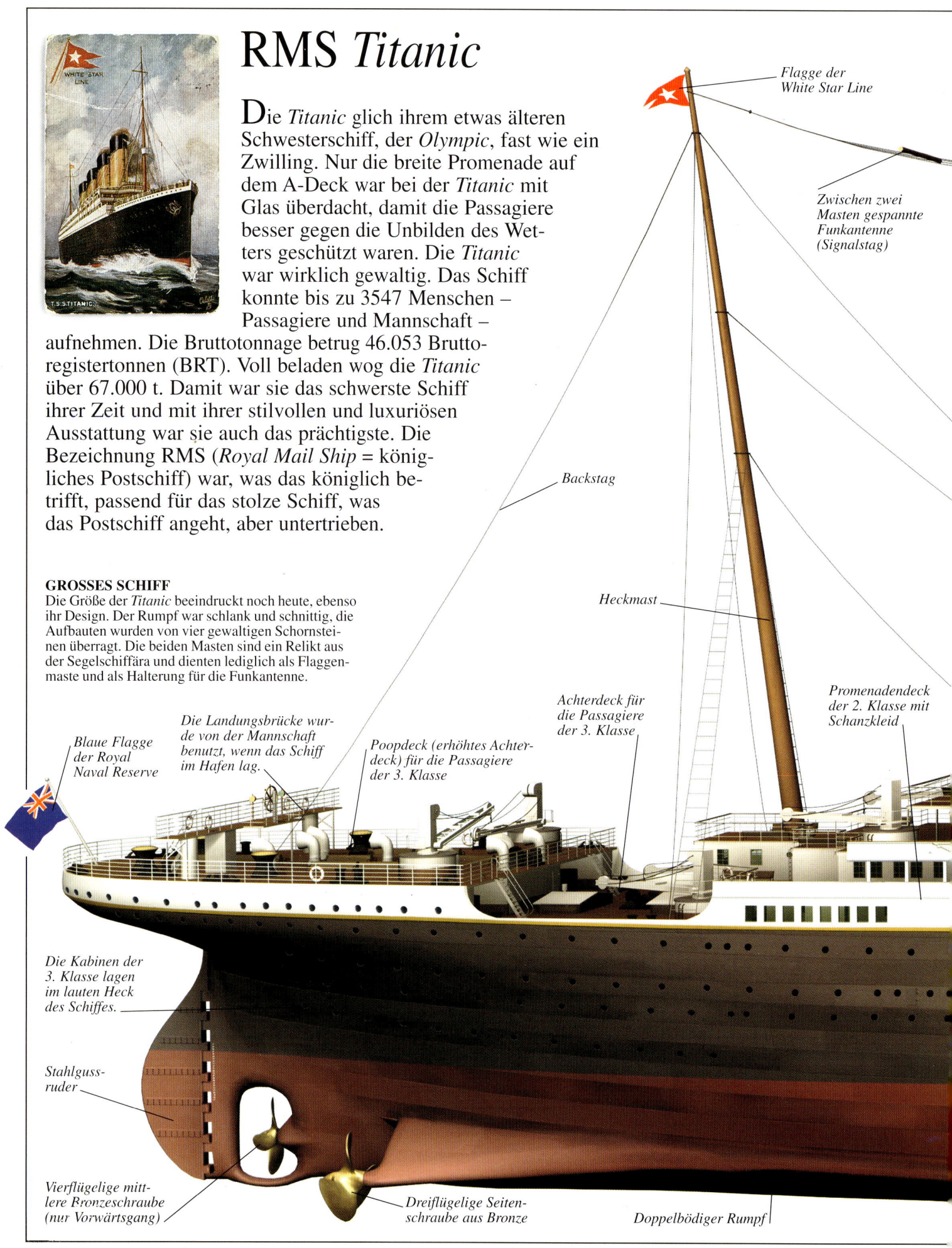

**D**ie *Titanic* glich ihrem etwas älteren Schwesterschiff, der *Olympic*, fast wie ein Zwilling. Nur die breite Promenade auf dem A-Deck war bei der *Titanic* mit Glas überdacht, damit die Passagiere besser gegen die Unbilden des Wetters geschützt waren. Die *Titanic* war wirklich gewaltig. Das Schiff konnte bis zu 3547 Menschen – Passagiere und Mannschaft – aufnehmen. Die Bruttotonnage betrug 46.053 Bruttoregistertonnen (BRT). Voll beladen wog die *Titanic* über 67.000 t. Damit war sie das schwerste Schiff ihrer Zeit und mit ihrer stilvollen und luxuriösen Ausstattung war sie auch das prächtigste. Die Bezeichnung RMS (*Royal Mail Ship* = königliches Postschiff) war, was das königlich betrifft, passend für das stolze Schiff, was das Postschiff angeht, aber untertrieben.

**GROSSES SCHIFF**
Die Größe der *Titanic* beeindruckt noch heute, ebenso ihr Design. Der Rumpf war schlank und schnittig, die Aufbauten wurden von vier gewaltigen Schornsteinen überragt. Die beiden Masten sind ein Relikt aus der Segelschiffära und dienten lediglich als Flaggenmaste und als Halterung für die Funkantenne.

Flagge der White Star Line

Zwischen zwei Masten gespannte Funkantenne (Signalstag)

Backstag

Heckmast

Achterdeck für die Passagiere der 3. Klasse

Promenadendeck der 2. Klasse mit Schanzkleid

Die Landungsbrücke wurde von der Mannschaft benutzt, wenn das Schiff im Hafen lag.

Poopdeck (erhöhtes Achterdeck) für die Passagiere der 3. Klasse

Blaue Flagge der Royal Naval Reserve

Die Kabinen der 3. Klasse lagen im lauten Heck des Schiffes.

Stahlgussruder

Vierflügelige mittlere Bronzeschraube (nur Vorwärtsgang)

Dreiflügelige Seitenschraube aus Bronze

Doppelbödiger Rumpf

## WIE LANG?
22 Doppeldeckerbusse aneinander gereiht würden vom Flaggenmast am Heck der *Titanic* bis zur Verankerung des Fockstag (Befestigungstau des Fockmasts) am Bug reichen – 269 m.

## FRISCHE LUFT SCHNAPPEN
Die Decks boten den Passagieren genug Platz, um sich die Beine zu vertreten und die Seeluft zu genießen. Liegestühle standen für die bereit, die sich entspannen wollten, allerdings schränkten die an Davits (schwenkbare Kranarme) hängenden Rettungsboote die Sicht ein.

*„Am meisten ins Auge stechen vielleicht ... die vier riesigen Schornsteine – gewaltige rotbraune elliptische Stahlzylinder mit schwarzen Köpfen, die von der Kielplatte gemessen 53 m hoch die anderen Schiffe im Hafen überragen und die Schuppen am Kai zur Bedeutungslosigkeit schrumpfen lassen."*

AUSZUG AUS *THE SOUTHAMPTON PICTORIAL*

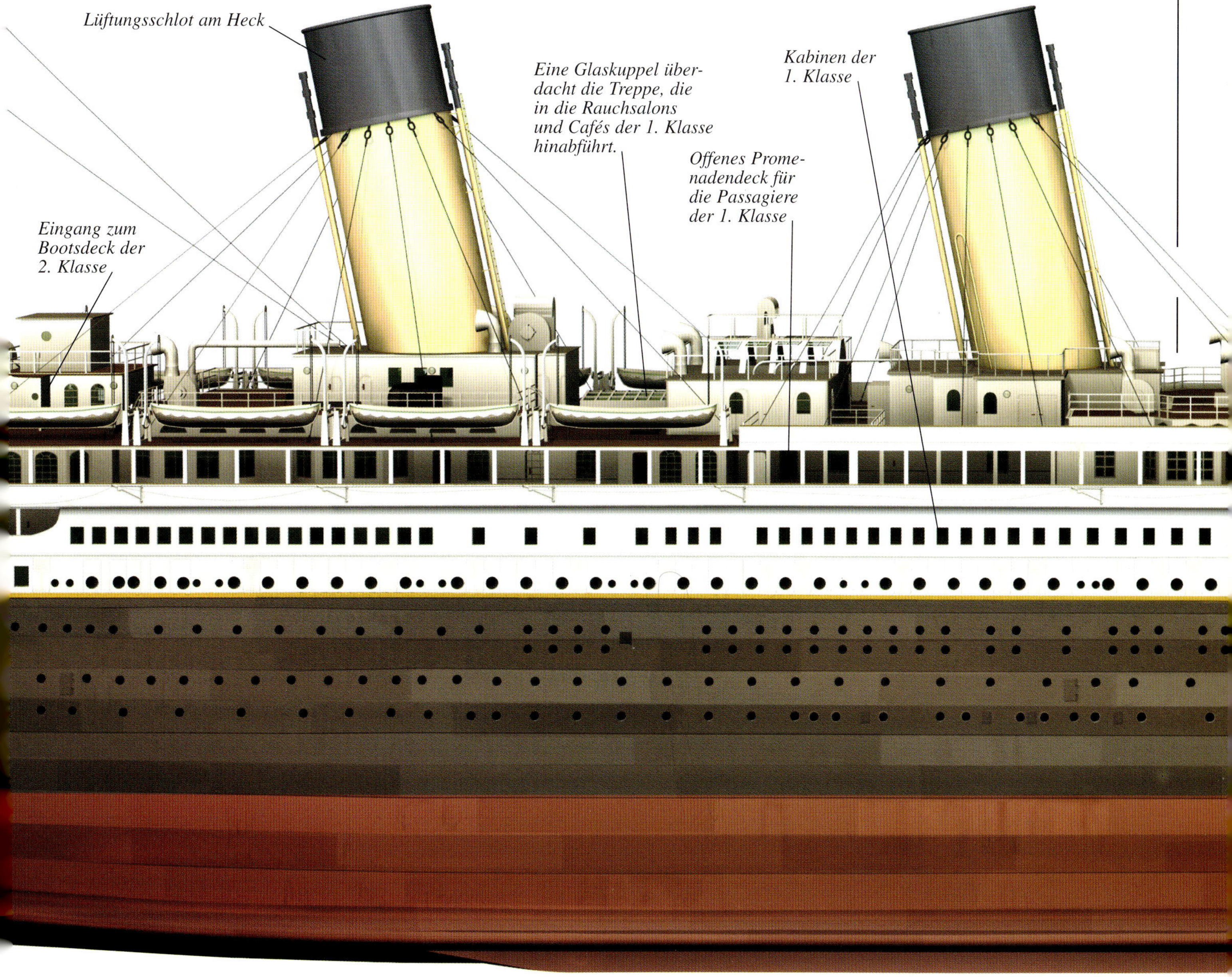

*Lüftungsschlot am Heck*

*Eine Glaskuppel überdacht die Treppe, die in die Rauchsalons und Cafés der 1. Klasse hinabführt.*

*Kabinen der 1. Klasse*

*Offenes Promenadendeck für die Passagiere der 1. Klasse*

*Eingang zum Bootsdeck der 2. Klasse*

**13**

*Fortsetzung auf der nächsten Seite*

# Auf der Brücke

Kommandozentrale der *Titanic* war die Brücke im Vorder-
bereich des Bootsdecks. Von hier aus befehligten der Kapitän
und seine Offiziere das Schiff, beobachteten die See und
gaben dem Maschinenraum Anweisungen. Gesteuert wurde
das Schiff zwar vom Steuerhaus (Ruderhaus) aus, doch der
Kapitän hatte auf der Brücke ein kleines Ersatzsteuerrad,
das er im Notfall benutzen konnte.

**BULLAUGEN**
Die Außenkabinen von den A-Decks
der 1. Klasse bis zu den C-Decks
der 3. Klasse besaßen Bullaugen,
durch die Licht und frische Luft
in die Kabinen gelangen konnten.
Nachts schienen die Kabinen-
lichter durch diese Fenster und
ließen den Rumpf wie von Lich-
terketten gesäumt erscheinen.

*„Wie die* Olympic, *ja, aber viel
mehr Aufwand. Nehmen Sie den
Speisesaal. Die* Olympic *hatte
nicht einmal einen Teppich, aber
die* Titanic *– ah, man sank darin
ein bis zu den Knien.“*

DER BÄCKER REGINALD BURGESS

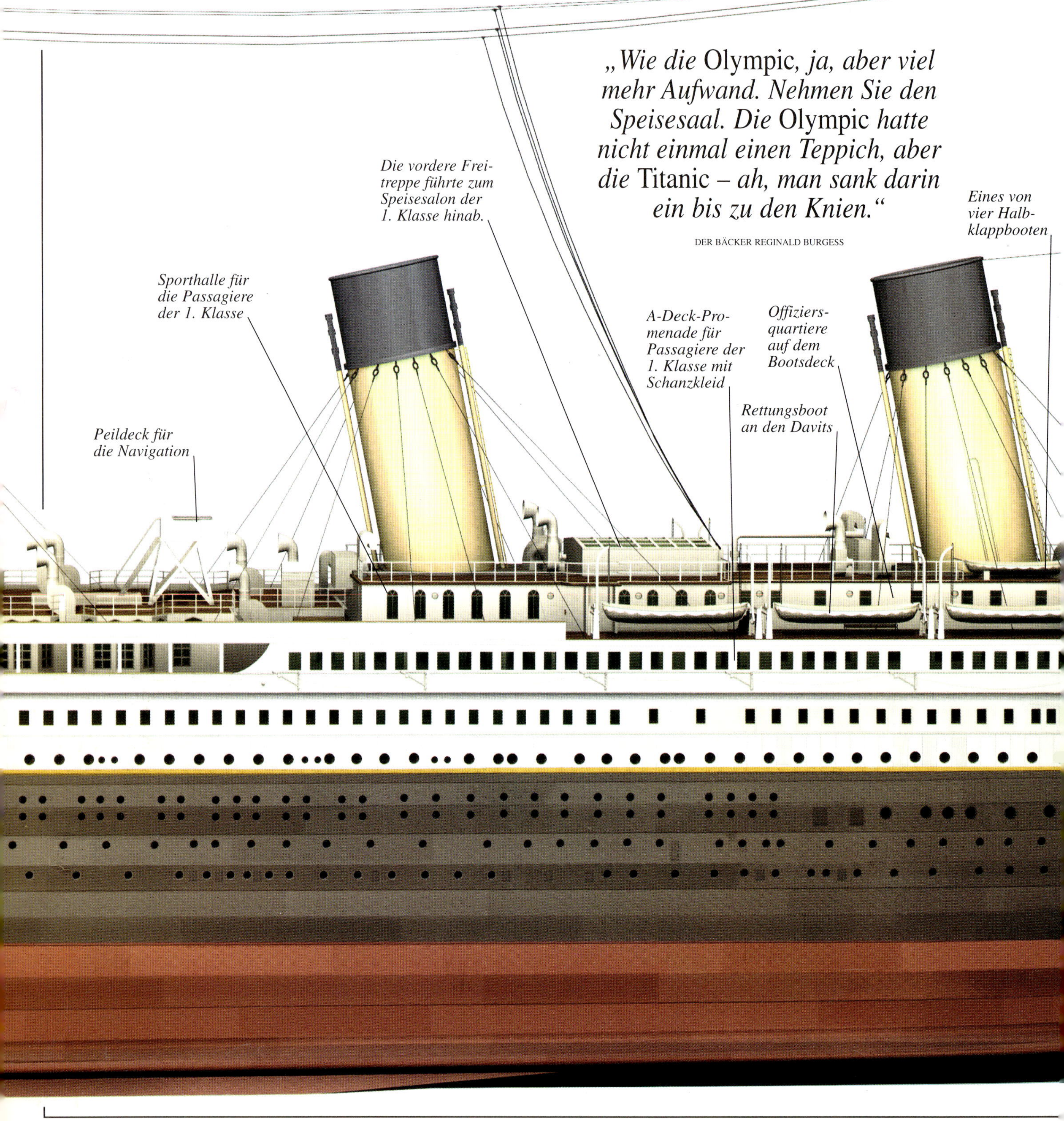

*Die vordere Frei-
treppe führte zum
Speisesalon der
1. Klasse hinab.*

*Eines von
vier Halb-
klappbooten*

*Sporthalle für
die Passagiere
der 1. Klasse*

*A-Deck-Pro-
menade für
Passagiere der
1. Klasse mit
Schanzkleid*

*Offiziers-
quartiere
auf dem
Bootsdeck*

*Peildeck für
die Navigation*

*Rettungsboot
an den Davits*

**DIE DECKS**
Dieser Querschnitt durch den Rumpf zeigt die Kastenform und den Aufbau des Schiffes. Der Abstand zwischen Bootsdeck über die Decks A bis F bis zur unteren Tiefgangsmarke betrug 23 m. Unterhalb der Tiefgangsmarke befand sich das Orlopdeck mit den Maschinen und Kesseln, die das Schiff antrieben.

Bootsdeck

A-Deck (Oberes Promenadendeck)

B-Deck (Promenadendeck mit Verglasung)

C-Deck (Oberdeck)

D-Deck (Salondeck)

E-Deck (Hauptdeck)

F-Deck (Mitteldeck)

Unterdeck

Tiefgangsmarke (Wasserlinie)

Orlopdeck

Brücken-flügel mit Kabine

Fockmast

Die Brücke

Das Fock-stag hält den Fockmast.

Steuer-haus (Ru-derhaus)

Ausguck (Mastkorb, „Krähen-nest")

Ankerkran

Vorderes Zwischendeck

Vorder-deck

TITANIC

Kiel

**STOLZE LIEFERANTEN**
Firmen, die die *Titanic* beliefer-
ten, nutzten dies zur Werbung.
Die Botschaft in dieser Anzeige
ist klar: Man kann etwas vom
Luxus der *Titanic* genießen, auch
wenn man sich eine Reise mit
dem Schiff nicht leisten kann.

# Ausstattung

Am Ausrüstungskai in Belfast wurde der
leere Rumpf der *Titanic* in kaum mehr als
acht Monaten in einen schwimmenden
Palast verwandelt. Man sparte keine Kos-
ten, um die *Titanic* zum luxuriösesten Hoch-
seedampfer ihrer Zeit zu machen. Bis ins
kleinste Detail war alles sorgfältig gearbeitet
und von erlesener Qualität: von den großen
Gemeinschaftsräumen und offenen Decks
bis hin zu den Lampen und Wasserhähnen in
den Kabinen. Alles an Bord wurde brandneu
gekauft oder eigens für das Schiff angefertigt.
Und alles sollte dazu dienen, den Passagieren
ihren Aufenthalt an Bord so angenehm und
unterhaltsam wie möglich zu gestalten.

**GESPÜLT**
Einige der tausende weißer Teller
an Bord des Schiffes überstanden
den Untergang nahezu unbescha-
det – noch ordentlich zum Trock-
nen aufgereiht. Ein Heer von
Bediensteten füllte diese Teller
mit Essen und servierte den
Passagieren ihre Mahlzeiten.

*Deckenlampen
aus Blattgold
und Kristallglas
erhellten die
große Freitreppe.*

*Ein Maler setzt
Glanzlichter auf
die Dekoration
einer Säule.*

*Geländer aus
Schmiedeeisen und
vergoldeter Bronze*

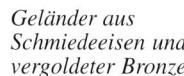

**DER LETZTE SCHLIFF**
Dieses Foto lässt erahnen, wie
viel Mühe man sich bei der
Ausstattung der *Titanic* gegeben hat. Es zeigt Stuckateure
und Maler bei Arbeiten auf
dem Schwesterschiff *Olympic*.
In den Kabinen und Salons
der 1. Klasse schuf man klassi-
sche Eleganz bis ins Detail.

*Prunkvolle
Säulen aus
hochglanzpo-
lierter Eiche*

*Cherub als Lam-
penständer im
Stil des 17. Jh.s*

**GROSSE FREITREPPE**
Vom Speisesalon der 1. Klasse auf dem D-Deck
hinauf zum Promenadendeck der 1. Klasse führte
eine atemberaubende Freitreppe. Bei Tage fiel
Licht durch eine Glaskuppel, bei Nacht erhellten
vergoldete Lampen die Treppe. In prachtvolle
Gewänder gekleidet schwebten die Passagiere
der 1. Klasse diese Treppe hinab zum Dinner.

## BADELUXUS

Jede Kabine oder Suite besaß fließendes Wasser, ein Luxus, den kaum einer der Passagiere der 3. Klasse von zu Hause kannte. Allerdings gab es für die 700 Passagiere der 3. Klasse nur zwei Bäder. Sie lagen ganz hinten im D-Deck – ein weiter Weg für die, die im Bug schliefen.

*Aus dem Wrack der* Titanic *geborgene Badewannen-armatur der 1. Klasse*

## LESERAUM

Der weiß getäfelte Lese-raum war ein beliebter Rückzugsort für die Damen, die den Männern im Rauchsalon keine Gesellschaft leisten durften. Der helle Raum mit seinen bequemen Sesseln war ideal, um Briefe zu schreiben oder Bücher zu lesen, von denen die Schiffsbibliothek eine gute Auswahl anbot.

## AUF DER VERANDA

Vor allem bei den jüngeren Passagieren beliebt war das Verandacafé. Es war hell und luftig, ausgestattet mit weißen Korbmöbeln, einem Fußboden im Schachbrettmuster und Wandgittern, die mit Efeu berankt waren.

*Die beiden Figuren links und rechts der Uhr symbolisieren Ruhm und Ehre, die die Zeit krönen.*

*Die Vergoldung ist im Wrack abgeblättert.*

## LICHTERFANTASIEN

Die Beleuchtung passte zum Stil des Salons der 1. Klasse, der an das Versailles Ludwigs XVI. erinnerte. Überall glitzerten Kronleuchter und Stehleuchter aus Kristall.

## ENTSCHWEBEN

Gegenüber der großen Freitreppe befanden sich drei Lifte, die die Passagiere vom Promenadendeck fünf Decks tiefer zu ihren Schlafkabinen brachten, vorbei an den Suiten, dem Speisesaal und anderen Kabinen. Die Aufzüge waren reich verziert und hinter klassizistischen Säulen verborgen. Im Heck des Schiffes gab es einen Aufzug für die Passagiere der 2. Klasse.

# Kapitän und Mannschaft

Im Hintergrund kümmerte sich ein stilles Heer von Personal um das Wohlergehen der Passagiere, darum, dass das Schiff sauber war und es an nichts fehlte und dass die Motoren liefen. Köche, Bäcker, Metzger, Küchenhilfen, Postbeamte, Barbiere, Ingenieure, Heizer und Schürer, Trimmer (Gepäckverlader) und viele andere schufteten auf den unteren Decks. Oben auf den Passagierdecks umsorgten Stewards und Stewardessen, Zahlmeister, Kellner und anderes uniformiertes Personal die Gäste. Insgesamt zählte die Besatzung mit dem Kapitän und seinen Offizieren 899 Männer und Frauen, die für jeden Bereich des Lebens an Bord verantwortlich waren.

**DIE HEIZER**
Im Schichtdienst schaufelten 289 Heizer und Schürer Kohle in die Kessel, damit die Maschinen volle Kraft liefern konnten. Viele von ihnen sangen, damit die schwere Arbeit besser von der Hand ging.

*Zahlmeister Herbert McElroy*

*Zweiter Offizier Charles Lightoller*

*Dritter Offizier Herbert Pitman*

*Vierter Offizier Joseph Boxhall*

*Fünfter Offizier Harold Lowe*

*Sechster Offizier James Moody*

*Leitender Offizier Henry Wilde*

*Kapitän Edward Smith*

*Erster Offizier William Murdoch*

**DER MASCHINENRAUM**
Tief unten im Bauch des Schiffes, im Maschinenraum, war es heiß, laut und dreckig. 28 Ingenieure sorgten dafür, dass alles reibungslos lief. Wäre den Kesseln die Kohle ausgegangen oder eine Störung aufgetreten, wäre das Schiff stehen geblieben.

**DIE OFFIZIERE**
Hier sieht man den Kapitän und seine Offiziere an Bord der *Titanic* vor der Jungfernfahrt. Der Kapitän trägt Auszeichnungen, die er im Burenkrieg (1899–1902) errungen hat. Die Streifen an den Ärmeln der Offiziere geben den Rang an – je mehr Streifen, desto ranghöher ist der Offizier.

**SAM COLLINS**
An Bord der *Carpathia* schloss der Heizer Sam Collins (oben) Freundschaft mit dem jungen Frankie Goldsmith, dessen Vater mit der *Titanic* untergegangen war. Frankie war von den Heizern auf der *Titanic* sehr angetan gewesen und hatte sie bei der Arbeit beobachtet.

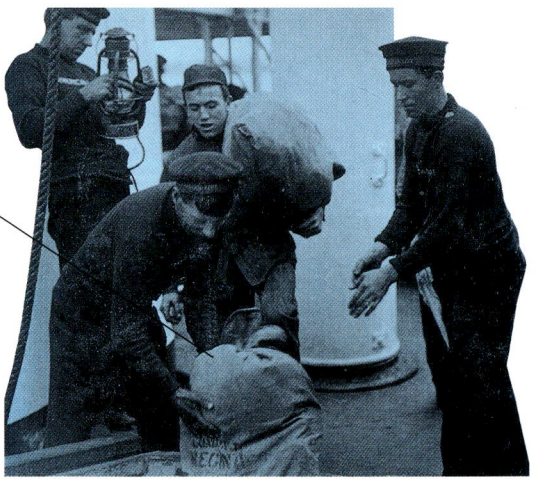

*Verladen von Postsäcken*

**POSTSCHIFF**
Die *Titanic* war durch einen Vertrag mit der britischen Postgesellschaft zum Posttransport über den Atlantik verpflichtet. Die Post wurde zusammen mit dem Gepäck der Passagiere 1. Klasse aufbewahrt und in einem Raum neben dem Squash-Court sortiert. Fünf Postbeamte im Laderaum bemerkten als Erste, dass Wasser ins Schiff lief.

Die Taschenuhr ist um 2.16 Uhr stehen geblieben, das Schiff sank endgültig um 2.20 Uhr.

Rostige Taschenmesser

Drehbleistift

## GEBORGEN
1.-Klasse-Steward Edmond J. Stone war für die Kabinen E1 bis E42 zuständig. Sein Leichnam wurde von der *Mackay-Bennett* geborgen und auf See bestattet. Zu den seiner Witwe übergebenen persönlichen Dingen (links) gehörte auch ein Teil eines Briefes von der P&O Stem Navigation Company, datiert vom 2. Februar 1912. Stone wollte wohl bei einem der Hauptrivalen der White Star Line anheuern.

## ZU IHREN DIENSTEN
Das À-la-carte-Restaurant der 1. Klasse wurde von Monsieur Gatti geführt, dem Inhaber eines exklusiven französischen Restaurants in London. Gattis 55 Angestellte waren Franzosen oder Italiener und hatten, da sie nicht zur White Star Line gehörten, keinen Status an Bord der *Titanic*. Von den Restaurantangestellten überlebte nur einer den Untergang der *Titanic*.

*„Am Abend vor der Abfahrt bat ich meine Frau, meinen weißen Stern in meine Mütze zu legen, und während sie das tat, zerbrach der Stern. Mit einem Blick des Schreckens sagte sie: ‚Das gefällt mir nicht.'"*

STEWARD ARTHUR LEWIS

Violet Jessop

Annie Robinson

Einige der überlebenden Stewardessen bei ihrer Ankunft in Plymouth/England

## DIE STEWARDESSEN
Von den 899 Leuten Besatzung waren nur 23 Frauen. Wenngleich bei den Passagieren Männer und Frauen in guter Mischung vorhanden waren, bestimmte der alte Aberglaube, dass Frauen auf See Unglück brächten, die Einstellungspolitik der White Star Line. Doch die Regelung „Frauen und Kinder zuerst" sorgte dafür, dass 17 der 18 Stewardessen das Unglück überlebten.

Kinderspielzeug hängt von der Decke herab.

Souvenir-Wimpel

Sessel mit verstellbarer Rückenlehne

## NICHT NUR RASIEREN
Zwei Barbiergeschäfte, je eines in der 1. und eines in der 2. Klasse, boten den Männern eine tägliche Nassrasur an. Die Geschäfte verkauften auch Spielzeug, Ansichtskarten und andere Reisesouvenirs, z.B. Briefbeschwerer und Plaketten.

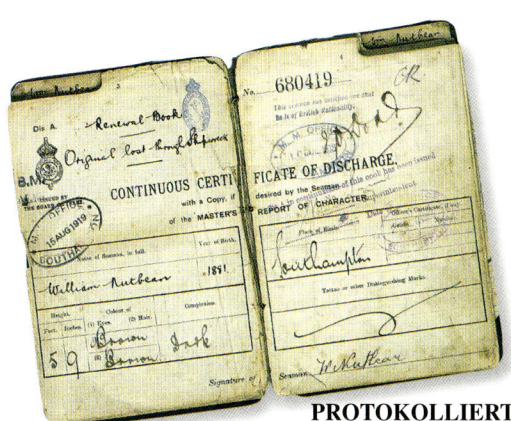

## PROTOKOLLIERT
Der Heizer William Nutbeam gehörte zu den 35 Überlebenden der 167 Heizer. Seine Arbeitspapiere enthalten gegenüber dem Einstellungsvermerk auf der *Titanic* den Vermerk „Schiff gesunken". Protokolliert sind weiterhin Anstellungen u.a. auf der *Olympic* und der *Oceanic*.

# Böse Vorahnungen

Um die *Titanic* und ihr Schicksal ranken sich viele mysteriöse Geschichten. Einige davon sind so bizarr, dass man sie kaum glauben kann. Andere erzählen von Vorzeichen und Vorahnungen, die auf unheimliche Weise die tatsächlichen Ereignisse beim Untergang der *Titanic* wiedergeben. Zwei Schriftsteller beschrieben bereits etwa 20 Jahre vorher die Geschehnisse dieser Schreckensnacht. Eine Reihe von Menschen wurde immer wieder von Albträumen heimgesucht, die von der kommenden Katastrophe kündeten, und ein sterbendes Mädchen in Schottland erzählte nur wenige Stunden vor dem Untergang, was geschehen würde. Es gab auch Menschen, die von ihren bösen Vorahnungen abgehalten wurden an Bord der *Titanic* zu gehen. Doch einige derer, die nicht an Bord gingen, hatten einfach das Glück, dass sie das Schiff verpassten.

## KOLLISIONSVISIONEN

Der New Yorker Rechtsanwalt Isaac Frauenthal hatte vor Reisebeginn einen Traum: „Ich wähnte mich auf einem großen Dampfer, der plötzlich mit etwas zusammenstieß und unterging." An Bord der *Titanic* kehrte der Traum wieder, und so war Frauenthal auf der Hut, als er vom Zusammenstoß mit dem Eisberg hörte. Anders als manch andere Passagiere musste man ihn nicht drängen ein Rettungsboot zu besteigen.

*Die* Olympic *wurde unterhalb der Wasserlinie etwa 26 m vom Heck entfernt beschädigt.*

William T. Stead

## TODESVISIONEN

Der englische Journalist und Spiritualist William T. Stead schrieb 1892 den Roman *Aus der Alten in die Neue Welt*. Darin rammt ein Schiff im Nordatlantik einen Eisberg und sinkt. Die Überlebenden werden von einem Schiff unter Leitung eines Kapitäns E. J. Smith gerettet. Zwanzig Jahre später reiste Stead auf der *Titanic* mit Kapitän E. J. Smith und verlor sein Leben.

## BÖSES OMEN

Am 20. September 1911 stieß das Schwesterschiff der *Titanic*, die *Olympic*, mit dem Kreuzer HMS *Hawke* zusammen. Beide Schiffe wurden schwer beschädigt, und die *Olympic* unter Kapitän Edward J. Smith, der bald darauf die *Titanic* übernahm, war schuld.

> *„Dieses Schiff wird sinken, ehe es Amerika erreicht."*
>
> BLANCHE MARSHALL

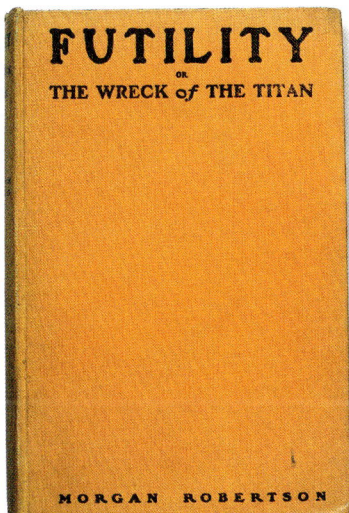

## JESSIES TRAUM
In der Nacht des 14. April 1912 lag ein schottisches Mädchen namens Jessie im Sterben. Im Delirium sah sie ein Schiff im Atlantik versinken. Sie sah viele Menschen ertrinken und „jemand, der Wally hieß, ... Geige spielen". Wenige Stunden nach Jessies Tod sank die *Titanic* langsam, während Wally Hartley und die übrigen Schiffsmusiker spielten.

*Keramikfigur mit Türkisglasur (um 700 v.Chr.)*

## VERGEBLICHKEIT
1898 beschrieb Morgan Robertson in seinem Roman *Futility* (dt.: *Titan – eine Liebesgeschichte auf hoher See*) einen Transatlantikdampfer sagenhaften Ausmaßes, ausgestattet mit allem erdenklichen Luxus. In einer kalten Aprilnacht rammt die *Titan* einen Eisberg und fast alle Passagiere gehen unter – weil es nicht genügend Rettungsboote gibt.

*Pfarrer J. Stuart Holdens unbenutztes Titanic-Ticket*

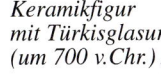

## DAS GLÜCK DER PHARAONEN
Als die Passagierin der 1. Klasse Molly Brown ihre Kabine verließ, nahm sie ihren ägyptischen Glücksbringer mit. Sie hielt die Figur noch fest, als sie von der *Carpathia* gerettet wurde. Dort übergab sie sie Kapitän Rostron als Dankeschön.

## DAVONGEKOMMEN
Unter den 55 Passagieren, die ihre Buchungen im letzten Augenblick stornierten, war John Pierpont Morgan, der Besitzer der White Star Line und damit der *Titanic*. Der Stahlbaron Henry Frick und der Eisenbahnmagnat George Vanderbilt hatten ihre Reise ebenfalls abgesagt. Pfarrer J. Stuart Holden aus London entging der Katastrophe, weil seine Frau krank geworden war.

## SCHIFF VERPASST
Viele Seeleute wurden in den Kneipen von Southampton angeheuert, ohne dass schriftliche Verträge aufgesetzt wurden. 22 verpassten das Schiff, darunter die drei Gebrüder Slade, die zu spät kamen, weil ein langer Güterzug ihnen den Durchgang durch die Docks versperrt hatte. Einer der Angeheuerten kam zwar rechtzeitig, doch dann hielt ihn ein ungutes Gefühl davon ab, an Bord zu gehen.

*Im „Belvedere Arms", einer der vielen Kneipen in Southampton, wo Leute für die Arbeit auf der* Titanic *angeheuert wurden*

## DIE GESCHICHTE WIEDERHOLT SICH
Im April 1935 traf die *Titanian*, ein Frachter, der Kohle von Newcastle nach Kanada beförderte, im gleichen Gebiet auf einen Eisberg wie 23 Jahre zuvor die *Titanic*. Der Matrose William Reeves hatte wenige Sekunden, ehe es zu einem Zusammenstoß kommen konnte, eine Vorahnung und schrie: „Gefahr voraus!" Der Navigator stellte die Maschinen auf Rückwärtsgang und brachte das Schiff damit zum Stehen. Reeves war übrigens am 15. April 1912 geboren – dem gleichen Tag, an dem die *Titanic* sank.

# Die Jungfernfahrt

Die erste Fahrt eines Schiffes – seine Jungfernfahrt – ist immer ein bedeutendes Ereignis und so war es auch bei der *Titanic*. Das Schiff kam am 3. April 1912 nach einer Nachtfahrt von Belfast/Nordirland in Southampton/England an. In der folgenden Woche herrschte geschäftiges Treiben an der Pier: Die Besatzung heuerte an und Berge von Versorgungsgütern wurden an Bord geschafft. Allein die mitgeführten Lebensmittel hätten ausgereicht, eine Kleinstadt über Monate zu versorgen. Schließlich war der große Tag gekommen und am Morgen des 10. April gingen 914 Passagiere an Bord. Am Mittag machte das Schiff die Leinen los und nahm Fahrt auf. Die Jungfernfahrt hatte begonnen.

**SOUTH WESTERN HOTEL**
Einige der reicheren Passagiere verbrachten die Nacht vor Reisebeginn im luxuriösen South Western Hotel mit Blick auf die *Titanic*-Pier. Unter ihnen waren auch Bruce Ismay, der Aufsichtsratsvorsitzende der White Star Line, und seine Familie.

*Starke Schlösser sollten den Inhalt während der Überfahrt sichern.*

Hochwertige Überseekoffer waren bei den reichen Passagieren Mode.

**TESTFAHRT**
Am 2. April 1912 unternahm die *Titanic* eine Testfahrt in der Bucht von Belfast. Man überprüfte die Maschinen, manövrierte das Schiff bei unterschiedlichen Geschwindigkeiten und unternahm eine Notbremsung, bei der das Schiff von 20 Knoten Fahrt in weniger als 1 km zum Stehen kam. Am Abend fuhr das Schiff nach Southampton ab und startete von dort aus acht Tage später zu seiner Jungfernfahrt.

**ALLE AN BORD**
Am Morgen vor der Abfahrt der *Titanic* sammelte sich eine Menschenmenge an der Pier, um Freunden und Verwandten zum Abschied zuzuwinken. Rufe wie „Viel Glück, *Titanic*!" schallten über den Hafen, als das Schiff die Leinen losmachte.

*Am Morgen vor der Abfahrt der* Titanic *herrschte reges Treiben an der Pier der White Star Line in Southampton.*

*Der hintere Schornstein war nur eine Attrappe, daher stieg hier nie Rauch auf.*

*Schlepper begleiteten die* Titanic *aus den Docks ins offene Meer.*

## KANALHÜPFEN

Die *Titanic* fuhr über den Ärmelkanal nach Cherbourg in
Frankreich, wo weitere Passagiere zustiegen. In der
Nacht lief das Schiff
Queenstown (heute
Cobh) in Irland an. Am
Nachmittag des 11. April
schließlich ließ die *Titanic* Europa
hinter sich und machte sich auf
den Weg über den Atlantik.

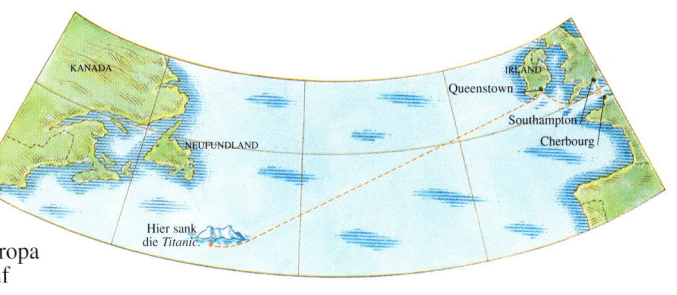

## LEBEWOHL, EUROPA!

Die *Titanic* machte einen kurzen Zwischen-
stopp im irischen Queenstown, wo sie sieben
Passagiere der 2. und 113 der 3. Klasse an
Bord nahm sowie weitere Postsäcke. Viele der
Passagiere der 3. Klasse verließen Irland, um
in den USA ein neues Leben zu beginnen.

*Die* New York *entgeht nur
knapp einem Zusammenstoß*

*„Das Schiff ist so groß,
dass ich mich noch
nicht zurechtfinde.
Ich hoffe, ich verlaufe
mich nicht, ehe ich in
New York ankomme!"*

EIN PASSAGIER

## GERADE NOCH GUT GEGANGEN

Als Schlepper die *Titanic* aus den Docks manövrierten,
nahm das Schiff Fahrt auf, während es die vor Anker lie-
gende *New York* passierte. Der Sog ihrer Schiffsschraube
riss die *New York* aus ihrer Vertäuung und sie trieb mit
dem Heck auf die *Titanic* zu. Die schnelle Reaktion
eines Schleppers, der die *New York* wegzog, verhin-
derte gerade noch einen Zusammenstoß.

# Reisen 1. Klasse

Die vier oberen Decks waren zum größten Teil für die 329 Passagiere der 1. Klasse reserviert. Dem Luxus, den sie an Land genossen, stand der an Bord in nichts nach. Die Suiten, Einzelkabinen, der Salon und der Speisesaal waren hinsichtlich des Mobiliars und der Ausstattung vom Feinsten. Ein Heer von persönlichen Dienern, Stewards, Bäckern, Köchen und Kellnern las den Passagieren jeden Wunsch von den Augen ab. Wenn sie nicht in ihren Kabinen ruhten, konnten die Passagiere der 1. Klasse eine Sporthalle nutzen, einen Squash-Court, ein Schwimmbad, ein Türkisches Dampfbad, eine Bibliothek und eine Vielzahl von Speiseräumen, Bars und Restaurants oder sie konnten auf den oberen Decks frische Luft schnappen.

**DIE ASTORS**
Mit einem geschätzten Vermögen von etwa 87 Mio. Dollar war Colonel John Jacob Astor IV. der reichste Passagier an Bord. Erst vor kurzem geschieden reiste der 46-jährige Amerikaner mit seiner 18 Jahre alten zweiten Frau Madeleine. Sie hatten ihre Flitterwochen in Ägypten und Paris verbracht. Mit ihnen reiste ihr Hund, Airedale Kitty.

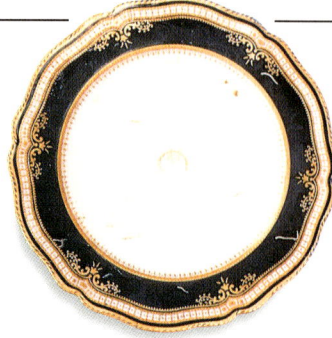

**VORNEHM**
Für die Passagiere der 1. Klasse standen nicht nur feines Porzellan, sondern auch 1500 Champagnergläser, 400 Spargelzangen, 100 Traubenscheren, 1000 Fingerschalen und 300 Nussknacker zur Verfügung.

**À LA CARTE**
Diese Speisekarte für das letzte Mittagessen an Bord der *Titanic* zeigt die reichhaltige Auswahl an Speisen. Im Speisesaal der 1. Klasse konnten 550 Passagiere Platz finden, Nischen erlaubten einzelnen Gruppen abgeschieden zu speisen.

*Gestärkte weiße Leinenservietten und -tischtücher*

*Die Tische waren mit frischen Blumen und Fruchtkörben geschmückt.*

**DINNER UND TANZ**
Das siebengängige Abendessen war der Höhepunkt des Tages. Die Damen trugen ihre neuesten Pariser Abendroben, die Männer erschienen im Frack. Nach dem Essen schwangen die lebhaften Passagiere das Tanzbein. An Sonntagen allerdings war das Tanzen nicht erlaubt. Andere Männer zogen sich in den Rauchsalon zurück, die Damen in die diversen Salons. Wer müde war, konnte sich in seine komfortable Kabine zurückziehen.

**GEPÄCKAUFKLEBER**
Jedes Gepäckstück wurde sorgfältig markiert, damit es in die richtige Kabine oder in den Laderaum gebracht wurde. Das korrekte Sortieren des Gepäcks war für die Passagiere der 1. Klasse besonders wichtig, da sie oft Unmengen mitführten. Charlotte Cardeza und ihr Sohn reisten z.B. mit 14 Überseekoffern, vier Reisekoffern, drei Kisten und einem Arzneikoffer.

*Schreibtisch*

### AUFWÄNDIG
Die Kabinen der 1. Klasse waren üppig ausgestattet und sehr geräumig, vor allem die beiden Promenadensuiten auf dem B-Deck. Für 4246 Dollar hatten die Bewohner der Luxussuiten ein Wohnzimmer, zwei Schlafzimmer, zwei Ankleidezimmer und ein Badezimmer sowie ein privates Sonnendeck zur Verfügung.

*Stühle und Tisch im Empire-Stil*

*„Meine hübsche kleine Kabine mit Elektroofen und rosa Vorhängen gefiel mir ... die schöne Spitzendecke und die rosa Kissen und überall Fotografien ... es wirkte alles so gemütlich.“*

LADY DUFF GORDON

*Das mechanische Kamel war besonders beliebt.*

### FIT BLEIBEN
Der Sportraum – auf der Steuerbordseite (rechts) des Schiffes unweit des Bootsdecks gelegen – war mit Rudermaschinen und Rädern, Hanteln und anderen Dingen ausgerüstet, die die Passagiere der 1. Klasse in Form halten sollten.

*Der Kellner bringt das Essen auf silbernen Tellern.*

### TÜRKISCHE ANNEHMLICHKEITEN
Das Türkische Bad war eine maurische Fantasie aus glasierten Kacheln, Vergoldungen und abgedunkelten Bronzelampen. Es verfügte über heiße, temperierte und kalte Räume, einen Einseifraum, eine Massagecouch und ein Tauchbecken zum Abkühlen. Im Bad gab es, wie in der Sporthalle, unterschiedliche Zeiten für Frauen und Männer.

# Reisen 2. Klasse

**STILVOLL DINIEREN**
Dieser Teller – einer von 12.000 auf der *Titanic* – gehörte zum Service der 2. Klasse. Es gab eine strikte Klassentrennung. Jede Klasse hatte ihr eigenes Geschirr.

An Bord der *Titanic* war Reisen 2. Klasse alles andere als zweitklassig, denn was geboten wurde, übertraf in vielem das Niveau der 1. Klasse auf Schiffen der Konkurrenz. Der Speisesaal war mit Eiche vertäfelt und man servierte ein viergängiges Menü, gefolgt von Nüssen, Obst, Käse, Keksen und Kaffee. Wenn sie nicht speisten, konnten sich die Passagiere in der ahornvertäfelten Bibliothek, in verschiedenen Bars und Salons aufhalten, die Männer konnten den Barbier aufsuchen. Die Kabinen waren komfortabel und kompakt, die offenen Decks boten Raum zur Entspannung und Erholung. Für die Passagiere der 2. Klasse war das Leben an Bord erstklassig.

**SEEKRANK?**
Viele Passagiere nahmen die Gelegenheit des kurzen Zwischenstopps in Queenstown am 11. April wahr, um Post an Freunde und Verwandte abzuschicken und vom Leben an Bord zu berichten. Dieser Passagier schrieb, sie hätten auf der Überfahrt über den Kanal „sehr raues Wetter" gehabt. In Wirklichkeit war es recht ruhig gewesen.

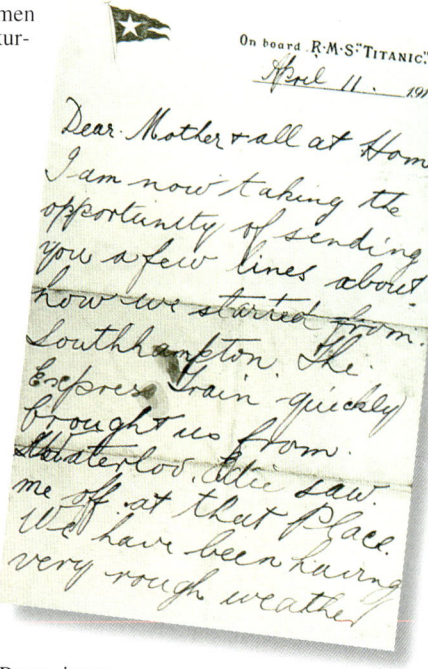

On board R.M.S. "Titanic"
April 11. 1912
Dear Mother & all at Home. I am now taking the opportunity of sending you a few lines about how we started from Southhampton. The Express Train quickly brought us from Waterloo. Allie saw me off at that Place. We have been having very rough weather

**VATER UND TOCHTER**
Neben den Reichen und Berühmten gab es viele Passagiere an Bord, deren Leben sich normalerweise nicht in der Öffentlichkeit abspielte. Robert und Alice Phillips aus der 2. Klasse gingen in Southampton an Bord. Alice überlebte, ihr Vater starb, doch ihre Fotos machen die beiden als Beteiligte an einem außergewöhnlichen Ereignis unsterblich.

*Die Passagiere erscheinen neben den gewaltigen Schornsteinen winzig.*

**AN DECK**
Das Bootsdeck bot den Passagieren viel Platz für Spaziergänge oder Entspannung in Liegestühlen. Die Kinder konnten herumtoben und spielen. Ein sichereres Schiff hätte aufgrund der zusätzlichen Rettungsboote weniger Platz geboten.

*Reisedecke zum Schutz vor Kälte*

## IM LADERAUM

Die Passagiere, die in Amerika ein neues Leben beginnen wollten, brauchten nicht ihr ganzes Gepäck unterwegs und brachten daher das meiste im Laderaum unter. Die Passagiere der 2. Klasse hatten zwar nicht so viel Gepäck wie die der 1. Klasse, doch alle reisten mit Abendgarderobe für das Dinner und andere besondere Anlässe.

*Gepäckaufkleber der 2. Klasse für die Aufbewahrung im Gepäckraum*

## FAMILIE HART

Benjamin Hart, ein Bauunternehmer aus Essex/England, wollte mit seiner Frau Esther und seiner siebenjährigen Tochter Eva nach Winnipeg/Kanada auswandern. Esther hielt den Gedanken, die *Titanic* sei „unsinkbar", für Gotteslästerung und versuchte ihren Mann zu überreden ein anderes Schiff zu nehmen. Überzeugt, dass sie alle ein Unglück treffen würde, schlief sie tagsüber und hielt nachts Wache. Eva und ihre Mutter überlebten die Katastrophe, Benjamin Hart blieb vermisst.

*„Man hatte keine Mühen gescheut, selbst den Passagieren der 2. Klasse das beste Essen zu bieten, das man für Geld kaufen konnte."*

EIN PASSAGIER

## STOCKBETTEN

Die 207 Kabinen der 2. Klasse waren zwar nicht so luxuriös wie die der 1. Klasse, aber durchaus komfortabel. Sie lagen auf den Decks D, E, F und G, waren mit Mahagonimöbeln und zwei bis vier Einzel- oder Stockbetten ausgestattet.

*Waschbecken zum Waschen und Rasieren*

*Sitzfläche aus Holz*

*Stuhlbeine aus Eisen*

*Spielkarten der White Star Line*

## RISKANTES SPIEL

Kartenspielen war ein angenehmer Zeitvertreib auf einer langen Reise. Doch wer Glücksspiele wagte, ging ein Risiko ein. Betrüger reisten unter falschem Namen auf Passagierschiffen und zogen ahnungslosen Mitspielern das Geld aus der Tasche.

## HERUMGEWIRBELT

Im Speisesalon saßen die Passagiere auf Drehstühlen, die am Boden befestigt waren, etwas, das in der 1. Klasse vieler anderer Schiffe üblich war. Zwar wurde das Essen in der gleichen Kombüse zubereitet wie das für die 1. Klasse, doch das Menü war einfacher – aber nicht weniger sättigend.

# Reisen 3. Klasse

**STREICHHÖLZER**
Die White Star Line nutzte jede Gelegenheit zur Eigenwerbung. So verkaufte sie auch Streichhölzer mit ihrem Logo. Diese Schachtel wurde mit noch immer lesbarer Aufschrift vom Meeresgrund geborgen.

Über die Hälfte der 1324 Passagiere der *Titanic* – insgesamt 710 – reisten 3. Klasse. Diese wirklich internationale Mischung von Menschen kam aus ganz Europa und war auf dem Weg in ein neues Leben in Amerika. Mehr als 100 der Passagiere der 3. Klasse waren Iren, die ihr von Unruhen heimgesuchtes Land über Queenstown, den traditionellen Hafen der Auswanderer, verlassen hatten. Viele waren niemals zuvor auf See gewesen, kaum einer hatte nennenswerte Habseligkeiten und alle verließen Europa mit gemischten Gefühlen – Bedauern, dass sie ihre Heimat und ihre Lieben verlassen mussten, und gespannte Vorfreude auf das, was sie in der Neuen Welt erwartete. 220 Kabinen an Bord beherbergten Familien, während Einzelpersonen nach Geschlechtern getrennt untergebracht waren: Frauen in Kabinen im Heck, Männer in einem großen Schlafsaal im Bug.

*„Wir waren Auswanderer, meine Eltern hatten eine Kneipe in London ... wir wollten nach Kansas, wo mein Vater einen Tabakladen kaufen wollte."*

MILLVINA DEAN

**DIE AUFENTHALTSRÄUME**
Mit Kiefernholz getäfelt und mit stabilen Bänken, Tischen und Stühlen ausgestattet, waren der Aufenthaltsraum sowie das Raucherzimmer die Gemeinschaftsräume, die den Passagieren der 3. Klasse zugänglich waren. Hier unterhielten sie sich, spielten Gesellschaftsspiele, lasen und rauchten. An den Abenden wurde gesungen und getanzt.

*Robuste Bänke aus Teakholzlatten*

*Diese Lederreisetasche wurde aus dem Wrack der* Titanic *geborgen und restauriert.*

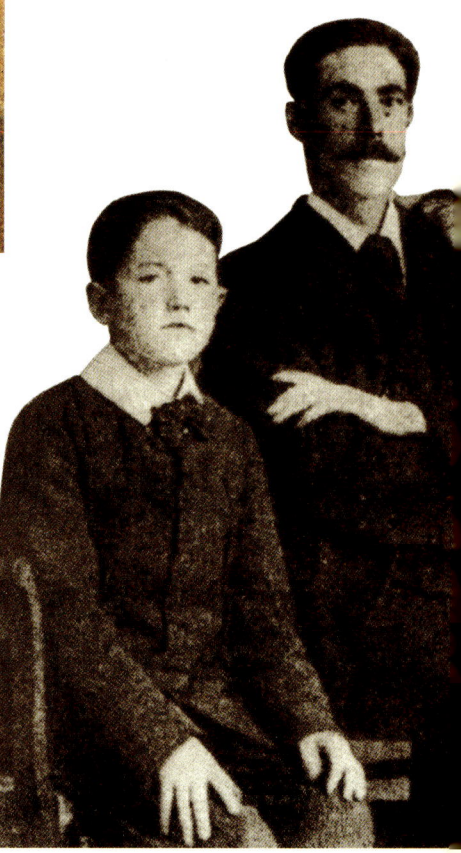

**ALLES IN EINER TASCHE**
Anders als die Passagiere der 1. und 2. Klasse reisten die der 3. Klasse mit leichtem Gepäck, denn sie besaßen kaum etwas.

## AN DECK

Vom Wind gepeitscht und vom Rauch aus den Schornsteinen eingehüllt boten die den Passagieren der 3. Klasse zugewiesenen Achterdecks dennoch eine willkommene Abwechslung zu den überfüllten Kabinen und Speisezimmern unten im Schiff. Als die *Titanic* Queenstown verließ, spielte Eugene Daly auf dem Achterdeck zum Abschied auf seinem Dudelsack eine irische Volksweise.

## IM WECHSEL

Um alle im Speisesaal verköstigen zu können, der nur für 473 Menschen Platz bot, mussten die Passagiere der 3. Klasse in Schichten essen. Sie erhielten ein Ticket, auf dem die Essenszeiten angegeben waren. Wer seine Zeit verpasste, musste hungern.

## KONTROLLKARTE

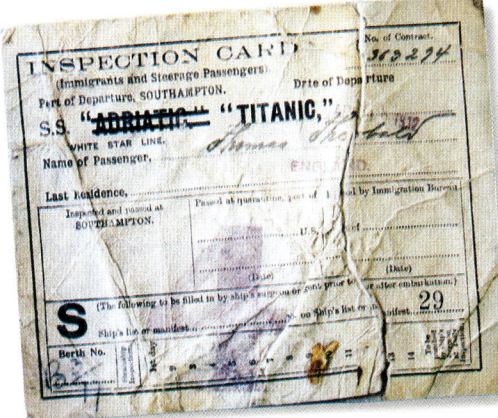

Jeder Auswanderer erhielt eine grüne Kontrollkarte, auf der Ausreiseort (Southampton, Cherbourg oder Queenstown) und das Land des letzten Wohnsitzes vermerkt waren. Dieses Dokument sollte den Einwanderungsbehörden in New York die Arbeit erleichtern. Thomas Theobalds Kontrollkarte (links) zeigt, dass er von der *Adriatic* auf die *Titanic* umgebucht worden war. Das kostete ihn das Leben.

## DIE FAMILIE GOODWIN

Wie viele andere große Familien wollten Frederick und Augusta Goodwin mit ihren sechs Kindern (Baby Sidney nicht auf dem Foto) von London nach Amerika auswandern. Sie gelangten zu spät zu den Booten und gingen alle unter.

*Speisesaal*

*Vierbettkabine*

## ZWEI MONATSLÖHNE

Dieses Werbeplakat für die Überfahrt, die nie stattfand – die Rückreise der *Titanic* nach England –, zeigt, was ein Ticket 3. Klasse kostete: 36,25 Dollar, das entsprach für die meisten Passagiere der 3. Klasse zwei Monatslöhnen.

# Atlantiküberquerung

Als die *Titanic* am Sonntag, dem 14. April 1912, über den Nordatlantik fuhr, erhielt sie eine Reihe von Eiswarnungen von anderen Schiffen, die sich in diesem Gebiet aufhielten. Kapitän Smith war der festen Überzeugung, dass sein Schiff nicht in Gefahr war, und wurde vom Schiffseigner Bruce Ismay dazu gedrängt zu zeigen, wie schnell und verlässlich das Schiff war, indem er mit voller Kraft fuhr und früher als erwartet in New York ankam. „Volle Kraft voraus!" blieb der Befehl. Der Kapitän steuerte das Schiff etwa 25,7 km nach Süden, ehe er Richtung New York drehte, doch ansonsten wurde den Eiswarnungen keine weitere Beachtung geschenkt.

**ERLEUCHTETE *TITANIC***
Nachts war die *Titanic* von den Lichtern an Deck und aus den Bullaugen der Kabinen hell erleuchtet.

*Zwei Uhren zeigen die Zeit am augenblicklichen Standort und am Zielort des Schiffes an.*

**FUNKRAUM**
Der Einsatz von Funkgeräten war bei der Jungfernfahrt zur Zeit der *Titanic* noch eine Neuheit. Die Funker sendeten oft private Nachrichten für die Fahrgäste und der Funkraum war nicht immer rund um die Uhr besetzt. Bis zum Untergang der *Titanic* hatte kaum jemand die Bedeutung von Funk im Notfall richtig eingeschätzt.

*Batterieladegerät*

*Magnetdetektor*

*Funkensender*

*Kopfhörer zum Empfange eingehender Nachrichten*

*Morsetaste zum Senden von Nachrichten*

*Block zum Notieren der Nachrichten*

*Spule zur Frequenzabstimmung*

*Fleming'scher Röhrenempfänger*

*Marconi-Telegrafencodebuch*

*Empfangsgerät für die Morsenachrichten*

*Logbuch des Funkers*

**MARCONI-FUNKER**
Die beiden Funker der *Titanic*, Jack Phillips und Harold Bride (links), waren Angestellte von Marconi, nicht der White Star Line. Der zweite Funkoffizier Bride war erst 22 Jahre alt und hatte weniger als ein Jahr für Marconi gearbeitet. Er übernahm für etwa 12,50 Pfund pro Monat die Nachtschicht, während sein älterer Kollege Phillips schlief.

**AN FREUNDE UND FAMILIE**
Wenngleich die meisten Passagiere Briefe oder Postkarten schickten, nutzten viele der reicheren die Möglichkeit persönliche Nachrichten über Funk zu übermitteln. Es gab so viele private Funknachrichten, dass Funker Phillips die letzte Eiswarnung von der *Californian* unterbrach, um weiter Privatnachrichten funken zu können.

*„Kapitän, Titanic –
westwärts fahrende
Dampfer melden
Eisberge, Packeis und
Treibeis 42°N von
49–51°W, 12. April."*

*Nur 10 % eines
Eisbergs sind über
Wasser sichtbar.*

50 m

100 m

150 m

*Unter dem Meeresspiegel
besitzt der Eisberg oft
viele scharfe Kanten
und spitze Vorsprünge,
die einen Schiffsrumpf
durchbohren können.*

*Eisberge können sich
wie hoch getürmte
Berge aus dem Meer
erheben oder wie
flache Tafeln.*

## WARNUNG
Als die *Titanic* weiter westwärts dampfte, erhielt sie neun
Eiswarnungen – per Telegraf und Signallampe. Wenngleich
nicht alle dieser Warnungen auf der Brücke ankamen, so erhielt Kapitän Smith persönlich immerhin die oben abgebil-
dete Warnung des deutschen Dampfers *Amerika*, abgeschickt
etwa vier Stunden bevor die *Titanic* den Eisberg rammte.

## BRUCE ISMAY
Der Aufsichtsratsvorsitzende
der White Star Line, Bruce Ismay,
reiste als Passagier auf seinem
eigenen Schiff. Auf sein Betre-
ben steuerte Kapitän Smith mit
voller Kraft durch das Eisfeld, statt
die Fahrt zu verlangsamen oder
die Nacht über ganz anzuhalten.

## DIE REISE EINES EISBERGS
Die Eisberge im Nordatlantik beginnen
ihr Dasein in den Gletschern der Arktis
und werden von den eisigen Strömungen der Labradorsee zwischen Kanada und Grönland
nach Süden getragen. Abgese-
hen von wenigen kurzen Som-
mermonaten findet man immer
Eisberge südlich von Neu-
fundland. Einige sind so
groß, dass sie sich meh-
rere Jahre auf See
halten, ehe sie in
wärmeren Gewäs-
sern schmelzen.

## VERSTECKTE GEFAHR
Es ist schwer, die wahre Größe eines
Eisbergs abzuschätzen, da sich 90 %
unter Wasser befinden. Eisberge
entstehen, wenn Brocken von Süß-
wassereis von Gletschern abbrechen
und ins Meer fallen. Dort werden
sie von den Gezeiten, Strömungen
und Wellen zerbrochen. Eisberge
können bis zu 240 km lang und
110 km breit sein, aber auch kleinere Eisberge und Treibeis
sind nicht ungefährlich.

# Eine tödliche Kollision

Im Nordatlantik war die Nacht des 14. April 1912 klar und bitterkalt. Sie war mondlos, doch am klaren Himmel funkelten die Sterne. Die See war glasig still und ließ nichts von der lauernden Gefahr ahnen. Routinemäßig sollten die Männer im Ausguck, dem so genannten Krähennest, nach Eisbergen Ausschau halten. Da die Nacht sternenklar war, dachte jeder, man hätte genug Zeit zum Ausweichen, wenn man ein Hindernis im Meer entdecken würde. Doch große Schiffe in voller Fahrt können nicht sofort bremsen oder zurücksetzen. Als der Ausguck Frederick Fleet gegen 23.40 Uhr einen Eisberg entdeckte, konnte der Zusammenstoß nicht mehr vermieden werden. Die *Titanic* rammte den Eisberg.

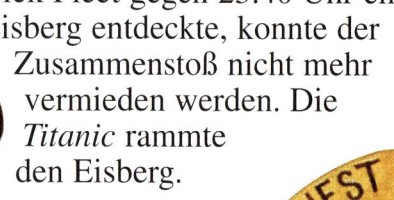

## ALARMGLOCKE
Als der Eisberg in Sicht kam, schlug Fleet die Glocke im „Krähennest" dreimal an – das übliche Signal für Gefahr voraus. Gleichzeitig rief er auf der Brücke an, um seine Beobachtung weiterzugeben.

*Die Alarmglocke hat einen Durchmesser von 43 cm.*

**FRED FLEET**
Frederick Fleet war auf Wache im „Krähennest", hoch oben im Fockmast. Gegen 23.40 Uhr sah er direkt voraus etwas, bei dem es sich nach seiner Meinung um einen kleinen Eisberg handelte. Als das Schiff sich näherte, erkannte er, dass der Eisberg wesentlich größer war, als er angenommen hatte, und schlug Alarm.

**SCHLÜSSEL ZUM AUSGUCK**
Nicht alle, die die *Titanic* von Belfast nach England gebracht hatten, wurden für die Jungfernfahrt angeheuert. Auch David Blair wurde nicht übernommen. Als er eilig das Schiff verließ, steckte er aus Versehen die Schlüssel für das Telefon im Ausguck ein.

*Luke, durch die die Wache in den Ausguck und wieder heraus gelangte*

**UMGESTÜRZTER FOCKMAST**
Das „Krähennest" ist, zwar schwer beschädigt, am umgestürzten Fockmast noch erkennbar. Hier hielten zwei Männer im Wechsel rund um die Uhr Ausschau nach Eisbergen, Schiffen und anderen Gefahren.

Die Mastlaterne gab die Fahrtrichtung des Schiffes an.

Von diesem Bereich der Brücke aus sah Murdoch den Eisberg, Sekunden nach dem Alarm des Postens.

Überdachtes Steuerhaus in der Mitte der Brücke

## „Es war, als würden wir über tausend Murmeln fahren."

MRS. STUART J. WHITE, PASSAGIERIN

### AUF DER BRÜCKE
Zum Zeitpunkt des Aufpralls befanden sich nur vier Offiziere auf der Brücke der *Titanic*. Ein weiterer Offizier hatte sich gerade in die Offiziersquartiere zurückgezogen und Kapitän Smith war in seiner Kajüte neben dem Steuerhaus. Da drei dieser sechs Offiziere bei dem Unglück ihr Leben ließen, bleibt unklar, was genau in den wichtigen Sekunden vor und nach dem Zusammenstoß geschah.

### EIN TURM AUS EIS
Die *Titanic* rammte den Eisberg mit der Steuerbordseite (rechts) und der Schaden erschien zuerst gering. Nach Augenzeugenberichten ragte der Eisberg 30 m über Deck, beschädigte die oberen Decks aber kaum. Unter Wasser aber, was die Brückenbesatzung nicht sehen konnte, riss der Eisberg über eine Länge von 76 m mehrere Löcher in den Rumpf.

### ERSTER OFFIZIER MURDOCH
William Murdoch war zum Zeitpunkt des Zusammenstoßes der verantwortliche Offizier auf der Brücke. Er ordnete eine Richtungsänderung an und ließ die Schotten schließen. Später musste Murdoch alle Passagiere zur Evakuierung an Deck beordern.

Die meisten Passagiere bemerkten kaum mehr als eine leichte Erschütterung.

### AM STEUER
Quartiermeister Robert Hichens stand am Steuer, als es zum Zusammenstoß kam. Der Erste Offizier Murdoch befahl ihm, das Steuer hart steuerbord (rechts) zu drehen und somit den Bug backbord (links) am Eisberg vorbei zu lenken. Mehr konnte Hichens nicht tun.

Das Steuerrad war mit einem Steuermechanismus über dem Heckruder verbunden.

# In die Boote

**U**m 0.05 Uhr, 25 Minuten nach dem Unfall, erkannte Kapitän Smith das Ausmaß des Schadens und gab den Befehl zum Fertigmachen der Rettungsboote und zur Einleitung der Evakuierung. In den nächsten zwei Stunden herrschte völliges Chaos. Es hatte keine Notfallübung gegeben, seit man Southampton verlassen hatte, und weder die Passagiere noch die Besatzung wussten, was unter diesen Umständen zu tun war. Viele glaubten, es sei sicherer, an Deck zu bleiben, anstatt sich im Rettungsboot in das eisige Meer abfieren zu lassen. Unglücklicherweise wusste keiner der Offiziere, dass man die Rettungsboote voll besetzt zu Wasser lassen konnte. Sonst hätten 1178 Menschen statt nur 706 gerettet werden können.

**FRAUEN UND KINDER ZUERST?**
Die Regel auf Schiffen zu jener Zeit lautete, dass Frauen und Kinder zuerst gerettet werden mussten. Doch eine Reihe von Männern entkam, mehr in Rettungsbooten von der Steuerbordseite als von der Backbordseite, und in vielen Rettungsbooten galt: „Den Letzten beißen die Hunde."

*„Als man mich ins Boot setzte, rief er (Daniel Marvin) mir zu: ‚Es ist in Ordnung, kleines Mädchen. Du gehst. Ich bleibe.' Als unser Boot ablegte, warf er mir eine Kusshand zu, und das war das Letzte, was ich von ihm sah."*

DANIEL MARVINS JUNGE FRAU

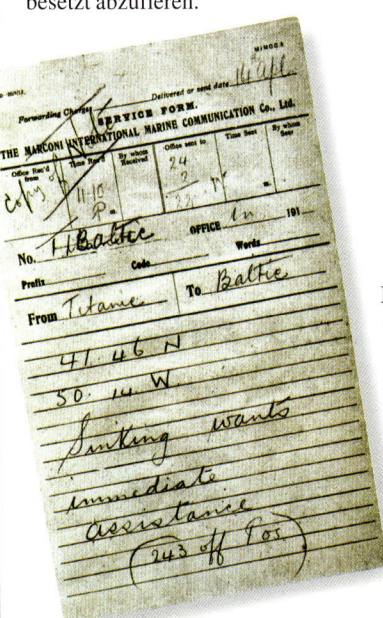

**THOMAS ANDREWS**
Gleich nach der Kollision mit dem Eisberg inspizierte Thomas Andrews – der Erbauer des Schiffes und Direktor von Harland & Wolff – mit Kapitän Smith die Decks. Andrews schätzte, dass das Schiff in höchstens zwei Stunden sinken würde. Leider versäumte er es, darauf hinzuweisen, dass die neuartigen Davits es erlaubten, die Rettungsboote voll besetzt abzufieren.

**SCHWIMMHILFE**
In jeder Kabine an Bord der *Titanic* gab es Schwimmwesten, für jeden Passagier und jedes Besatzungsmitglied eine. Einige aber wollten keine Schwimmwesten anziehen oder fanden sie nicht rechtzeitig. Die Schwimmwesten konnten eine voll bekleidete Person über Wasser halten, doch sie konnten nicht vor der eisigen Kälte schützen.

*Mit dickem Segeltuch überzogene Korkschwimmer*

**IN NOT**
Als sich die Rettungsboote füllten, schickten die beiden Funker – Jack Phillips und Harold Bride – unablässig Notrufe ab, in denen sie bekannt gaben, dass die *Titanic* sank und dringend Hilfe benötigte. Unter den Schiffen, die die SOS-Rufe der *Titanic* hörten, waren die *Olympic*, die *Baltic* und die *Carpathia*.

# Eins nach dem anderen

Nacheinander wurden die Rettungsboote der *Titanic* zu Wasser gelassen, von Nr. 7 um 0.45 Uhr bis zum Halbklappboot D um 2.05 Uhr. Die beiden letzten Boote steuerten gerade von der *Titanic* weg, als sie unterging. Alle Rettungsboote zusammen fassten maximal 1178 Personen, den Angaben unten zufolge gelang es etwa 862 Menschen, einen Platz in einem Rettungsboot zu bekommen. Nach dem Bericht des US-Senats wurden jedoch nur 706 gerettet, d.h., dass die Zahlen z.T. zu hoch angegeben worden waren, um sich nicht dem Vorwurf auszusetzen, man hätte vorsätzlich Menschen ertrinken lassen.

## DIE HALBKLAPPBOOTE

Zwei Halbklappboote wurden zusammengelegt und Kiel nach oben an Deck aufbewahrt, die beiden anderen auf dem Dach der Offiziersquartiere. Die Halbklappboote besaßen einen flachen, doppelten Boden und niedrige Seitenwände, die durch Segeltuch um 1 m erhöht werden konnten.

**Rettungsboot 12 (1.25 Uhr)**
Fassungsvermögen: 65
40 Frauen und Kinder,
2 Mann Besatzung

**Rettungsboot 14 (1.30 Uhr)**
Fassungsvermögen: 65
53 Frauen, 2 Männer,
8 Besatzungsmitglieder

**Rettungsboot 16 (1.40 Uhr)**
Fassungsvermögen: 65
49 Frauen, 1 Mann,
6 Besatzungsmitglieder

**Rettungsboot 10 (1.20 Uhr)**
Fassungsvermögen: 65
48 Frauen und Kinder, 2 Männer,
5 Besatzungsmitglieder

**Rettungsboot 6 (0.55 Uhr)**
Fassungsvermögen: 65
26 Frauen, 2 Besatzungsmitglieder

**Rettungsboot 8 (1.10 Uhr)**
Fassungsvermögen: 65
28 Frauen, 4 Besatzungsmitglieder

**Rettungsboot 4 (1.55 Uhr)**
Fassungsvermögen: 65
35 Frauen und Kinder, 1 Mann,
4 Besatzungsmitglieder

**Rettungsboot 2 (1.45 Uhr)**
Fassungsvermögen: 40
21 Frauen, 1 Mann,
4 Besatzungsmitglieder

**Halbklappboot D (2.05 Uhr)**
Fassungsvermögen: 47
40 Frauen und Kinder, 3 Männer, 3 Besatzungsmitglieder

**Halbklappboot B (2.20 Uhr)**
Fassungsvermögen: 47
Schwamm kieloben mit etwa 30 Männern, die sich daran festklammerten.

**Rettungsboot 15 (1.35 Uhr)**
Fassungsvermögen: 65
57 Passagiere,
13 Besatzungsmitglieder

**Rettungsboot 13 (1.35 Uhr)**
Fassungsvermögen: 65
55 Frauen und Kinder,
4 Männer, 5 Besatzungsmitglieder

**Rettungsboot 11 (1.25 Uhr)**
Fassungsvermögen: 65
60 Frauen und Kinder, 1 Mann, 9 Besatzungsmitglieder

**Rettungsboot 9 (1.20 Uhr)**
Fassungsvermögen: 65
42 Frauen, 6 Männer, 8 Besatzungsmitglieder

**Rettungsboot 7 (0.45 Uhr)**
Fassungsvermögen: 65
8 Frauen, 10 Männer,
3 Besatzungsmitglieder

**Rettungsboot 5 (0.55 Uhr)**
Fassungsvermögen: 65
41 Passagiere, 1 Besatzungsmitglied

**Rettungsboot 3 (1.05 Uhr)**
Fassungsvermögen: 65
25 Frauen und Kinder,
10 Männer, 15 Besatzungsmitglieder

**Halbklappboot A (2.20 Uhr)**
Fassungsvermögen: 47
Trieb ab, als das Schiff sank
1 Frau, 10 Männer,
5 Besatzungsmitglieder

**Halbklappboot C (1.40 Uhr)**
Fassungsvermögen: 47
31 Frauen und Kinder, 6 Männer, 6 Besatzungsmitglieder

**Rettungsboot 1 (1.10 Uhr)**
Fassungsvermögen: 40
2 Frauen, 3 Männer,
7 Besatzungsmitglieder

*Sir Cosmo und Lady Duff Gordon*

## SELBSTHILFE

Einige derer, die keinen Platz in einem Rettungsboot fanden, bauten sich „Rettungsboote" aus Liegestühlen und schwimmenden Gegenständen. Die Unglücklichen, die ins Meer stürzten, versuchten sich an treibenden Gegenständen festzuhalten, bis Hilfe kam.

## FAST SCHIEF GEGANGEN

Rettungsboot 13 und 15 wurden fast gleichzeitig zu Wasser gelassen. 13 war zuerst im Wasser, trieb aber in Richtung 15. Glücklicherweise warnten die Schreie der Passagiere in Nr. 13 die Besatzung an Deck und sie hielten Boot 15 so lange in der Schwebe, bis 13 außer Gefahr war.

## FAST LEERES BOOT

Mit nur zwölf Menschen an Bord war Boot 1 am stärksten unterbesetzt. An Bord waren u.a. Sir Cosmo und Lady Duff Gordon. Man munkelte, sie hätten sich mit ihrem Reichtum ihr eigenes Rettungsboot nebst Besatzung gesichert.

# Sie sinkt

Als die Rettungsboote an den Seiten des Schiffes ins Wasser glitten, griff an Bord Hektik um sich. Die Funker funkten Notrufe. Die Offiziere auf der Brücke signalisierten mit Morselampen und feuerten Leuchtraketen in den Nachthimmel, um die Aufmerksamkeit eventuell in der Nähe befindlicher Schiffe auf sich zu ziehen. Doch trotz allem konnten viele nicht glauben, dass solch ein gewaltiges Schiff untergehen könne. Einige, darunter Benjamin Guggenheim (unten), ergaben sich in ihr Schicksal, doch die meisten glaubten, dass Hilfe eintreffen würde, lange ehe das Schiff unterging.

Morse-Signal-lampe

## SIGNALE
Kurz bevor die erste Leuchtrakete abgefeuert wurde, hatten sowohl Kapitän Smith als auch der Vierte Offizier Boxhall die Lichter eines Schiffes in der Nähe entdeckt. Doch das vorüberfahrende Schiff reagierte nicht auf die Lichtsignale und war bald außer Sichtweite. Jahrelang dachte man, bei diesem Schiff habe es sich um die *Californian* gehandelt, doch neuere Erkenntnisse legen nahe, dass es wohl ein Schiff war, das illegal Robben jagte.

*Leuchtraketen explodieren am Himmel.*

## DEN HIMMEL ERLEUCHTEN
Um die Aufmerksamkeit von Schiffen in der Nähe zu erregen, schoss der Vierte Offizier Boxhall um 0.45 Uhr die erste von acht Leuchtraketen ab. Die Signalkugeln – abgefeuert im Abstand von fünf Minuten – wurden von der Brücke aus 240 m in die Höhe geschossen und explodierten dort mit einem Lichterregen. Es gab keine feste Regelung für das Abfeuern von Notsignalen, doch nach internationaler Übereinkunft unterschied die Regelmäßigkeit Leuchtsignale von einem Feuerwerk.

## EIN GENTLEMAN
Als das letzte Rettungsboot ablegte, war dem Millionär Benjamin Guggenheim klar, dass er nicht gerettet werden würde, und er ging in seine Kabine. Dort kleideten er und sein Kammerdiener sich in Abendgarderobe und kehrten an Deck zurück. „Wir haben unsere besten Kleider angezogen und wir sind bereit als Gentlemen in die Tiefe zu gehen", soll Guggenheim gesagt haben, ehe er mit der *Titanic* versank.

*In panischer Angst seilt sich im Film* Die letzte Nacht der Titanic *(1958) ein Passagier in ein schon überfülltes Rettungsboot ab.*

## VERZWEIFLUNGS-TATEN
Als die letzten Rettungsboote zu Wasser gelassen wurden, versuchten einige Passagiere in Panik sich noch in ein Boot abzuseilen oder von den unteren Decks hineinzuspringen. Andere sprangen ins Wasser in der Hoffnung, später noch in ein Boot zu kommen. Einigen wenigen gelang es, sich schon an Bord in einem Rettungsboot zu verstecken.

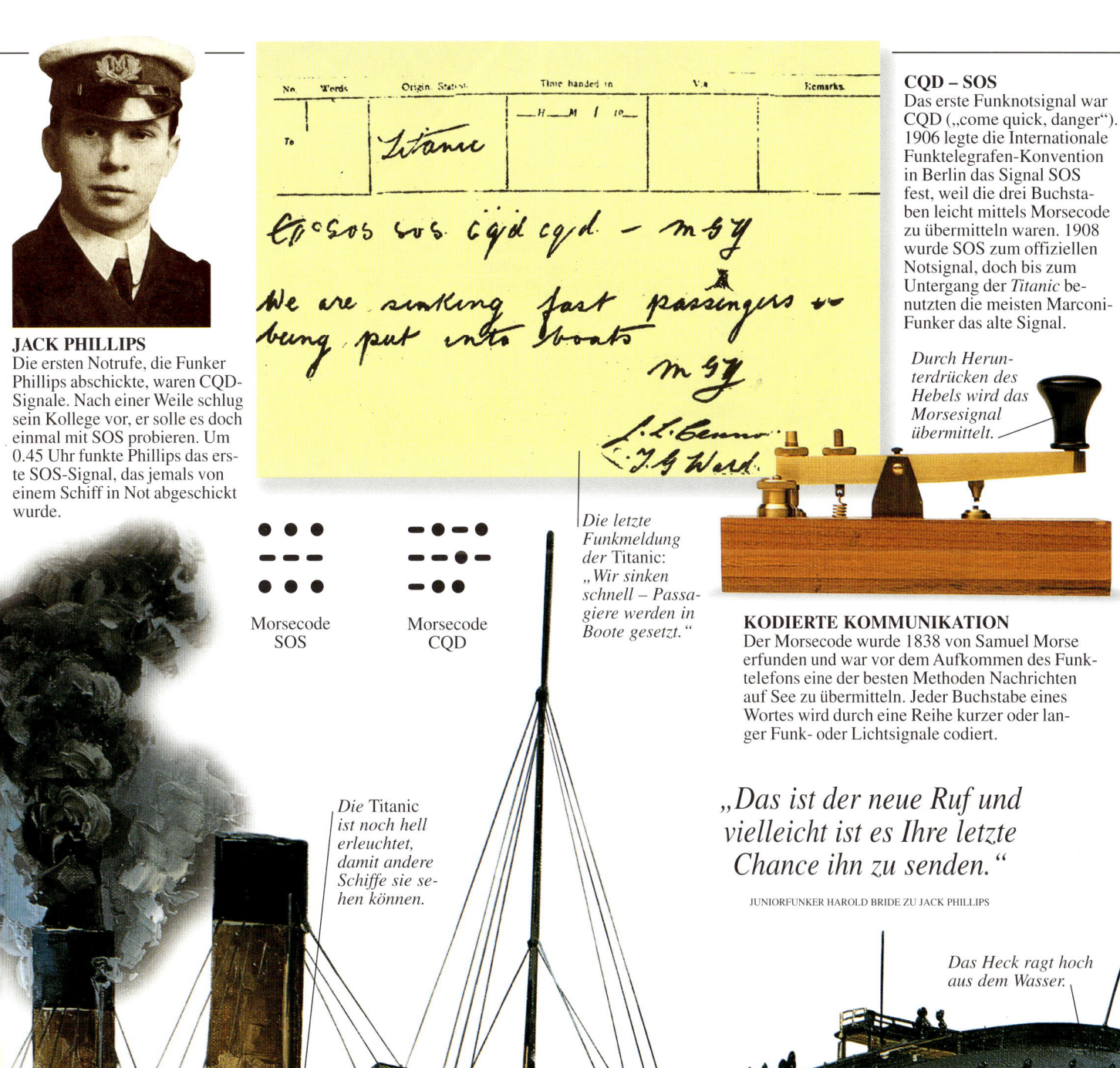

**JACK PHILLIPS**
Die ersten Notrufe, die Funker Phillips abschickte, waren CQD-Signale. Nach einer Weile schlug sein Kollege vor, er solle es doch einmal mit SOS probieren. Um 0.45 Uhr funkte Phillips das erste SOS-Signal, das jemals von einem Schiff in Not abgeschickt wurde.

**CQD – SOS**
Das erste Funknotsignal war CQD („come quick, danger"). 1906 legte die Internationale Funktelegrafen-Konvention in Berlin das Signal SOS fest, weil die drei Buchstaben leicht mittels Morsecode zu übermitteln waren. 1908 wurde SOS zum offiziellen Notsignal, doch bis zum Untergang der *Titanic* benutzten die meisten Marconi-Funker das alte Signal.

*Durch Herunterdrücken des Hebels wird das Morsesignal übermittelt.*

Morsecode
SOS

Morsecode
CQD

*Die letzte Funkmeldung der* Titanic*: „Wir sinken schnell – Passagiere werden in Boote gesetzt."*

**KODIERTE KOMMUNIKATION**
Der Morsecode wurde 1838 von Samuel Morse erfunden und war vor dem Aufkommen des Funktelefons eine der besten Methoden Nachrichten auf See zu übermitteln. Jeder Buchstabe eines Wortes wird durch eine Reihe kurzer oder langer Funk- oder Lichtsignale codiert.

*Die* Titanic *ist noch hell erleuchtet, damit andere Schiffe sie sehen können.*

*„Das ist der neue Ruf und vielleicht ist es Ihre letzte Chance ihn zu senden."*

JUNIORFUNKER HAROLD BRIDE ZU JACK PHILLIPS

*Das Heck ragt hoch aus dem Wasser.*

# Die letzten Augenblicke

Als die letzten Rettungsboote abgelegt hatten und die *Titanic* tiefer und tiefer ins Wasser glitt, packte diejenigen, die an Bord zurückgeblieben waren, entweder Panik oder sie ergaben sich in ihr Schicksal. Manche versuchten Flöße aus Liegestühlen und anderen Gegenständen zu bauen, andere beteten um Rettung und trösteten ihre Lieben. Der Lärm an Bord wurde bald ohrenbetäubend, als sich Einrichtungsgegenstände im Schiff losrissen und nach vorne rutschten. Als das Schiff tiefer ins Meer tauchte, richtete sich das Heck auf und eine Flut von Menschen stürzte in die Trümmer oder ins eiskalte Meer. Draußen auf dem Meer wendeten die Überlebenden in den Rettungsbooten ihre Augen ab, als das schreckliche Ende der *Titanic* nahte.

Kate Winslet und Leonardo DiCaprio rennen im *Titanic*-Film von 1997 um ihr Leben.

**GEGEN DEN STROM**
Gegen 2.15 Uhr brach Wasser durch die Glaskuppel, ergoss sich über die große Freitreppe und riss alle mit, die sich auf das Oberdeck retten wollten.

*Das Heck der Titanic ragte etwa 30 Sekunden senkrecht aus dem Wasser. Dann verschwand es im Meer.*

*Schornsteine und andere Aufbauten rissen ab und krachten ins Meer.*

**IN BEDRÄNGNIS**
Pater Thomas Byles, ein katholischer Priester, reiste 2. Klasse. Als das Schiff sank, nahm er im Heck des Bootsdecks die Beichte ab und betete mit den Passagieren. Wie viele von ihnen verlor auch er sein Leben.

**DIE LETZTEN SEKUNDEN**
Um 2.18 Uhr erloschen die Lichter der *Titanic*, weil die Kessel nun alle unter Wasser standen. Das Schiff stand fast senkrecht mit dem Bug nach unten, das Heck ragte in den Nachthimmel. Da brach das Schiff zwischen den beiden hinteren Schornsteinen auseinander, das Heck riss sich los und kam wieder waagerecht zu liegen, bis es ebenfalls sank. Um 2.20 Uhr schließlich verschwand die *Titanic* im Meer.

*Offizier Lightoller feuert im Film* Die letzte Nacht der Titanic *Warnschüsse in die Menge.*

## PANIKPOSTEN
Für den Fall, dass es an Bord zu ernsthaften Zwischenfällen kommen sollte, wurden in einem Safe Pistolen für die höheren Offiziere aufbewahrt. Als die Rettungsboote ins Wasser gelassen wurden, wurden Schüsse in die Luft abgegeben, um zu verhindern, dass die Menge in Panik die Boote stürmte. Gerüchten zufolge erschoss ein Offizier zwei Männer und richtete die Waffe dann gegen sich selbst.

## GANZ ALLEIN
Die Menschen in den Rettungsbooten müssen sich sehr verlassen vorgekommen sein. Lichter von vorbeifahrenden Schiffen waren nicht zu sehen. So wechselten sich die Passagiere beim Rudern ab, um ihren Mut zu bewahren und den Kreislauf in Gang zu halten.

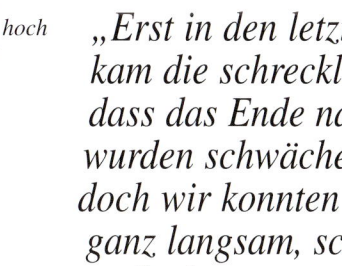
*Schrauben und Ruder hoch in der Luft*

*„Erst in den letzten fünf Minuten kam die schreckliche Gewissheit, dass das Ende nahte. Die Lichter wurden schwächer und erloschen, doch wir konnten sehen. Langsam, ganz langsam, schien die Wasserfläche zu uns aufzusteigen."*

PASSAGIER ROBERT DANIEL

## IN SICHERHEIT GEPUSTET
Der Passagier der 1. Klasse Colonel Archibald Gracie wurde von Deck gespült, als das Schiff abtauchte. Zuerst zog ihn der Sog unter Wasser, dann aber erfasste ihn ein Luftstrahl, der aus einem Ventilationsschacht entwich, und er schaffte es, auf das kieloben schwimmende Halbklappboot B zu klettern.

*Die Rettungsboote ruderten vom sinkenden Schiff weg, um nicht von seinem Sog unter Wasser gezogen zu werden.*

# Helden und Heldinnen

In der extremen und gefährlichen Situation, mit der Passagiere und Besatzung der *Titanic* konfrontiert wurden, kam es zu bemerkenswerten Heldentaten und Akten bewundernswerter Aufopferung. Frauen wie Molly Brown oder die Gräfin von Rothes waren es gewohnt, dass alles für sie getan wurde. Doch sie vergaßen jeden Standesdünkel, setzten sich in den Rettungsbooten an die Ruder und erwiesen sich jedem Mann mehr als ebenbürtig. Andere, wie Isidor und Ida Straus, beide über 60, beschlossen gemeinsam auf dem Schiff zu bleiben. Unten in den Kesselräumen arbeiteten die Heizer und Schürer bis zum Ende, damit die Lichter nicht erloschen, die mögliche Retter aufmerksam machen konnten. Die beiden Funker sendeten so lange wie möglich Notrufe – und die Kapelle spielte die ganze Zeit weiter.

**GRÄFIN VON ROTHES**
Im Rettungsboot Nr. 8 übernahm die Gräfin von Rothes ihre Schicht an den Rudern und dann das Steuer. Als Anerkennung für ihren unermüdlichen Einsatz überreichte ihr der für das Boot verantwortliche Matrose Thomas Jones später die gerahmte Nummernplatte des Rettungsbootes.

*„Als ich sah, wie sie sich hielt, und hörte, wie ruhig sie mit den anderen sprach, da wusste ich, dass sie besser ihren Mann stand als jeder, den wir an Bord hatten."*

THOMAS JONES VON RETTUNGSBOOT 8
LOBT DIE GRÄFIN VON ROTHES

**DIE UNSINKBARE MOLLY BROWN**
Die amerikanische Millionärin Molly Brown war eine von 26 Frauen in Rettungsboot Nr. 6. Der für das Boot verantwortliche Quartiermeister Hichens weigerte sich den Frauen das Rudern zu befehlen, also übernahm Molly Brown das Kommando. Sie drohte Hichens über Bord zu werfen und ruderte selbst wild entschlossen Richtung Rettungsschiff. Mrs. Browns heldenhafte Entschlossenheit brachte ihr den Titel „unsinkbare Molly Brown" ein.

**ZUM GEDENKEN**
Die meisten Opfer beklagte das englische Southampton, da dort die meisten Besatzungsmitglieder lebten. Am 22. April 1914 wurde im East Park ein Denkmal zur Erinnerung an die Schiffsingenieure enthüllt (rechts). Über 100.000 Menschen nahmen an der Einweihungsfeier teil. Ein Jahr später wurde ein kleineres Denkmal für die Stewards enthüllt, das heute in einer Kirche steht.

*Die Namen von 38 Ingenieuren, die mit der* Titanic *untergingen.*

## UNTERGANG MIT MUSIK

Die *Titanic* hatte zwei Musikkapellen – ein Streichquartett für die 1. Klasse unter Leitung des Geigers Wally Hartley und ein Streicher-Klavier-Trio, das vor dem À-la-carte-Restaurant spielte. Nach dem Zusammenstoß versammelten sich die Musiker im Salon der 1. Klasse und spielten Ragtimes und andere Lieder, um die Passagiere bei Laune zu halten. Sie spielten bis zum Ende und gingen mit dem Schiff unter. War das letzte Stück der Kapelle aber nun der Choral *Näher, mein Gott, zu dir* oder der langsame Walzer *Herbst*?

*Auszug aus dem Choral* Näher, mein Gott, zu dir, *der als letztes Lied gilt, das auf der* Titanic *gespielt wurde.*

*Hier sieht man Kapitän Smith auf das überfüllte Halbklappboot B zuschwimmen.*

## KAPITÄN SMITH

Über die letzten Minuten in Kapitän Smiths Leben herrscht Unklarheit, denn er ging mit seinem Schiff unter. Einige Überlebende behaupteten, dass er zum kieloben schwimmenden Halbklappboot B hin schwamm, sich dann aber abwandte, als er sah, wie überfüllt der Rumpf war. Andere behaupteten, dass er ein Baby übergab, das er aus den Fluten gerettet hatte. Doch es gibt keine Beweise für diese Geschichten.

## BIS IN DEN TOD

Der reiche Passagier Isidor Straus war der Gründer des weltberühmten Kaufhauses Macy's in New York. Wegen seines Alters bot man ihm einen Platz in einem Rettungsboot an, doch er lehnte ab. Seine Frau Ida blieb ebenfalls. Sie sagte: „Wir haben das ganze Leben zusammen verbracht. Und so wie wir gelebt haben, so wollen wir auch sterben." Beide gingen mit dem Schiff unter.

*Schiffsingenieur bei der Arbeit*

# Zu Hilfe eilen

Um 0.35 Uhr fing der Funker an Bord der RMS *Carpathia*, eines 13.782-Tonnen-Dampfers, einen Notruf von der *Titanic* auf. Das Schiff, das auf dem Weg von New York zum Mittelmeer war, drehte sofort um und fuhr so schnell wie möglich 93 km nach Nordwesten zu dem Schiff in Not. Kapitän Rostron bereitete sein Schiff auf die Aufnahme von Schiffbrüchigen vor, wenngleich er nicht wusste, wie viele es sein würden. Die Ärzte auf der *Carpathia* wurden in Bereitschaft versetzt, Stewards und Köche bereiteten Unterkunft und Essen vor und alle 15 Minuten wurde eine Leuchtrakete abgefeuert, um die Ankunft des Schiffes anzukündigen. Rostrons große Sorge aber galt dem Eis, denn der gleiche Eisberg, der die *Titanic* versenkt hatte, konnte auch seinem Schiff den Untergang bringen.

## IN SICHERHEIT RUDERN
Wegen des Packeises war es für die *Carpathia* zu gefährlich, nahe an die Rettungsboote heranzufahren. Daher mussten die erschöpften Überlebenden zum wartenden Schiff rudern. Es dauerte über vier Stunden, bis die *Carpathia* alle Überlebenden an Bord genommen hatte, weil die Rettungsboote über ein Gebiet von 6 km Durchmesser verteilt waren.

## RUTH BECKER
Die 2.-Klasse-Passagierin Ruth Becker war erst 12 Jahre alt, als sie sich plötzlich von ihrer Mutter und ihren jüngeren Geschwistern getrennt sah. Doch sie zeigte erstaunlichen Mut. Im Rettungsboot 13 verteilte sie Decken und tröstete mit Dolmetscherhilfe eine verzweifelte Mutter aus Deutschland, die von ihrem Kind getrennt worden war. Sowohl die Beckers als auch die deutsche Familie wurden auf der *Carpathia* wieder vereint.

*Das Mastfeuer signalisierte den Überlebenden, dass Hilfe unterwegs war.*

## IN SICHT
Um vier Uhr morgens erreichte die *Carpathia* die zuletzt von der *Titanic* angegebene Position und stoppte die Motoren. In der Dämmerung flackerte ein grünes Licht im Rettungsboot 2, wo der Vierte Offizier Boxhall Dienst tat. An Bord der *Carpathia* bestätigte er dann Kapitän Rostrons schlimmste Befürchtungen, der dann die Rettungsaktion organisierte.

## SUCHE NACH ÜBERLEBENDEN
Nur eines der Rettungsboote – Nr. 14 unter Leitung des Fünften Offiziers Lowe (oben) – kehrte um, um nach Überlebenden zu suchen – und zog vier Menschen aus dem Meer. In allen anderen Booten hatten die Insassen Angst, vom Sog des untergehenden Schiffes oder von Ertrinkenden im Meer in die Tiefe gerissen zu werden. Insgesamt wurden nur 12 Personen aus dem Wasser gefischt, wenngleich die meisten Rettungsboote für weitaus mehr Platz gehabt hätten.

*Dicker Rauch stieg aus dem Schornstein der* Carpathia *auf, als sie mit Volldampf der* Titanic *zu Hilfe eilte.*

*Die Überlebenden verbrannten Papier und winkten, um Aufmerksamkeit zu erregen.*

*Rettungsboot im Treibeis verborgen*

*Überlebende warten, bis sie an Bord der Carpathia genommen werden.*

## ENDLICH IN SICHERHEIT

Um 4.10 Uhr kletterte als erste Überlebende Elizabeth Allen eine Strickleiter hinauf auf die *Carpathia*. Manche Überlebende waren kräftig genug, um selbst über Strickleitern auf das Schiff zu klettern, andere mussten mit Bootsmannsstühlen (Holzsitzen in einer doppelten Tauschlinge) hochgehievt werden, ein paar kleine Kinder hievte man in Postsäcken an Bord.

*Durch die offene Gangwaytür gelangen die Überlebenden an Bord.*

## ELEKTRISCHER FUNKE

Der 42-jährige Kapitän Arthur Rostron, der zum Zeitpunkt des *Titanic*-Unglücks die *Carpathia* befehligte, fuhr zur See, seit er 13 war. Er war bekannt für seine Entscheidungsfreudigkeit und seine energische Führung. Seine Kollegen bei der Cunard Line nannten ihn respektvoll „elektrischer Funke".

*„Nachdem wir von der* Carpathia *aufgenommen worden waren, kam meine Mutter zu mir, denn jedes Mal, wenn ein Rettungsboot kam, ging ich nachschauen, ob mein Vater darin war ... er war nicht an Bord und meine Mutter drehte sich um und sagte: ‚... Du wirst deinen Vater nie mehr sehen.'"*

EDITH HAISMAN

## DANKE

Die Überlebenden kauften einen Silberpokal für Kapitän Rostron und 320 Medaillen für seine Mannschaft. Auf der Rückseite jeder Medaille stand die Inschrift: „Für den Kapitän, die Offiziere und die Mannschaft der RMS *Carpathia*, in Anerkennung ihrer edlen und heldenhaften Dienste von den Überlebenden der RMS *Titanic*, 15. April 1912".

*Decken, um die Überlebenden warm zu halten*

*Die Medaille zeigt, wie die* Carpathia *durch das Eis fährt.*

## HELFENDE HÄNDE

An Bord der *Carpathia* wurden die Überlebenden von Passagieren und Besatzungsmitgliedern in Empfang genommen, die ihnen Decken, Cognac, warme Getränke und Suppe anboten. Manche brachte man in Kabinen, andere kuschelten sich auf Deck aneinander und versuchten mit dem gerade Erlebten fertig zu werden. Trotz des geschäftigen Treibens herrschte Stille an Bord.

# Warten auf Neuigkeiten

Ein junger Funkamateur in New York fing die Notrufe der *Titanic* in den frühen Morgenstunden am Montag, dem 15. April, auf. Auch in Neufundland/Kanada wurden die Signale empfangen. Bald wurde bekannt, dass die *Titanic* in Seenot geraten war, doch im Laufe des Tages kamen andere Meldungen, die dem widersprachen. Erst um 18.16 Uhr New Yorker Zeit bestätigte die *Olympic*, das Schwesterschiff der *Titanic*, dass die *Titanic* gesunken war. Zwei Stunden später brach das Schiff, das der *Titanic* zu Hilfe geeilt war, die *Carpathia*, ihre Funkstille und kündigte an, dass sie mit Überlebenden an Bord auf dem Weg nach New York sei.

## DAS SCHLIMMSTE BESTÄTIGT
Kapitän Rostron wartete, bis alle Überlebenden sicher an Bord der *Carpathia* waren. Erst dann funkte die *Carpathia* eine Liste der Überlebenden und deren Nachrichten; Anfragen der Presse wurden nicht beantwortet. Am Montag um 20.20 Uhr schließlich schickte der Kapitän ein Telegramm, in dem er Associated Press in New York die schlimmsten Befürchtungen bestätigte.

## ETWAS NEUES?
Als am Montag erste Informationen durchsickerten, versammelten sich Betroffene und Angehörige vor den Büros der White Star Line in New York, London und Southampton. Genaueres war nicht zu erfahren, und es dauerte Tage, bis die erste unvollständige Liste der Überlebenden in New York ausgehängt wurde.

*Statt Hascoe müsste es C.H. Pascoe heißen.*

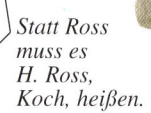

*Statt Ross muss es H. Ross, Koch, heißen.*

## VERWECHSLUNGEN
Am Mittwoch wurde vor dem Büro der White Star Line in Southampton, wo 699 von 899 Besatzungsmitgliedern wohnten, die erste Liste geretteter Mannschaftsmitglieder ausgehängt. Im großen Durcheinander waren Namen falsch geschrieben oder Initialen unterschlagen und damit bei einigen Angehörigen falsche Hoffnungen geweckt worden. Doch bald erschienen korrigierte Namenslisten.

## ALLES ÜBER DAS UNGLÜCK
Durch die Rufe der Zeitungsjungen, die die Schlagzeilen verkündeten, erfuhren viele Menschen vom Ausmaß des Unglücks. Da die White Star Line und die *Carpathia* keine Informationen preisgaben, lasen viele Angehörige die Zeitungen aufmerksam, in der Hoffnung, etwas über ihre Lieben zu erfahren.

*„Ich habe Zeitung gelesen,
um Hoffnung zu schöpfen –
alles umsonst. Ich werde für ihn
beten. Er war so gut zu mir."*

EINE ÜBERLEBENDE DER *TITANIC*-KATASTROPHE ÜBER IHREN EHEMANN

*Die New Yorker* Evening Sun *meldete am Montagabend, alle Passagiere seien gerettet worden.*

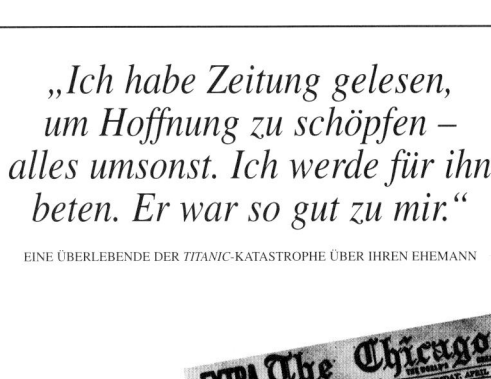

*Am Dienstagmorgen bestätigte die* Chicago Daily Tribune *das volle Ausmaß des Schreckens, wenngleich viele Einzelheiten noch fehlten.*

*Obwohl sich die Neuigkeiten von der Katastrophe schnell in aller Welt verbreiteten, kamen sie doch nicht immer auf die Titelseite.*

## RUND UM DIE WELT

Die *Titanic*-Katastrophe beherrschte tagelang die Zeitungsmeldungen, wenngleich die meisten Artikel unklar und oft widersprüchlich waren. Die meisten Zeitungen irrten sich, was die Sicherheit betraf, weil es für viele unglaublich war, dass so etwas geschehen konnte. So wurde sogar das Gerücht gedruckt, dass die *Titanic* sicher nach Neuschottland geschleppt und alle Passagiere gerettet worden seien.

## GUTE UND SCHLECHTE NACHRICHTEN

Viele Frauen in Southampton verloren bei dem Unglück eine Reihe männlicher Angehöriger. Mrs. Rosina Hurst (links) verlor ihren Schwiegervater, doch ihr Ehemann, der Heizer Walter Hurst, überlebte. Hier sieht man sie mit ihrer ebenfalls Trauer tragenden Tante.

# Opfer und Gerettete

*Mrs. Goldsmith kurz nach dem Unglück. Sie trägt zwei Eheringe.*

**E**s gab leider nie offizielle Angaben über die Zahl der Passagiere und Besatzungsmitglieder an Bord der *Titanic* und somit bleibt auch die Zahl der Opfer ungewiss. Der Untersuchungsausschuss des US-Senats gab die Zahl der Toten mit 1517 an (s.u.), die britische Untersuchungskommission mit 1490. Wieder andere Stellen setzten die Verluste gar bei 1635 an. Doch ganz gleich, welche Zahlen zutreffen, die menschlichen Tragödien, die die Verluste von Familienangehörigen und Freunden mit sich brachten, machen die Geschichte eines jeden und einer jeden Überlebenden umso bemerkenswerter – ob reich oder arm, bekannt oder unbekannt.

### ZWEI RINGE
Als Mrs. Goldsmith mit ihrem Sohn Frankie in das Rettungsboot stieg, zog Thomas Theobald, ein Freund der Familie, den Ehering vom Finger und bat sie diesen seiner Frau zu geben. Auf diesem Bild der *Detroit News* vom 26. April trägt Mrs. Goldsmith noch den Ring.

*Mr. und Mrs. Harder waren in den Flitterwochen.*

### SCHRECKLICHE FLITTERWOCHEN
Acht frisch vermählte Paare hatten die Jungfernfahrt der *Titanic* für ihre Hochzeitsreise gewählt, nur zwei Paare überlebten. Hier unterhält sich das Ehepaar Harder auf dem Bootsdeck der *Carpathia* mit Mrs. Hays, die ihren Mann verloren hat.

*Die Überlebende Clara Hays verlor ihren Mann, Charles Hays, Präsident der kanadischen Grand-Trunk-Eisenbahn.*

### BABY MILLVINA
Millvina Dean war erst sieben Wochen alt und die jüngste Überlebende. Ihre Mutter Ettie und ihr Bruder Bert wurden ebenfalls gerettet, ihr Vater blieb vermisst. Als alte Dame eröffnete Millvina 1994 die Ausstellung der *Titanic*-Fundstücke in Greenwich/England.

### ERSTE KLASSE
145 Frauen und Kinder überlebten, zehn Frauen und ein Kind starben. Von den Männern überlebten 54 und 119 starben. Insgesamt wurden 60 % der Passagiere der 1. Klasse gerettet.

199
130

### ZWEITE KLASSE
104 Frauen und Kinder überlebten, 24 starben. Von den Männern überlebten nur 15, während 142 starben. Insgesamt überlebten 42 % der Passagiere der 2. Klasse.

119
166

### UNTER FALSCHEM NAMEN
Der 2.-Klasse-Passagier Louis Hoffmann hatte erzählt, dass er mit seinen kleinen Söhnen in Amerika Verwandte besuchen wolle. In Wirklichkeit hieß er Michael Navratil und hatte die Kinder seiner getrennt von ihm lebenden Frau entführt. Die Jungen überlebten und kamen schließlich wieder zu ihrer Mutter.

*Der dreijährige Michael*

### DRITTE KLASSE
105 Frauen und Kinder überlebten, 119 starben. Von den Männern überlebten nur 69 und 417 starben. Insgesamt überlebten 25 % der Passagiere der 3. Klasse.

174
536

*Der zweijährige Edmond*

Die Grafik zeigt, dass es bei der Anzahl der Überlebenden und Opfer große Unterschiede in den Klassen gab.

Gerettete
Umgekommene

### BESATZUNG
20 Frauen überlebten, 3 starben. Von den Männern überlebten 194 und 682 starben. Insgesamt überlebten 24 % der Crew.

214
685

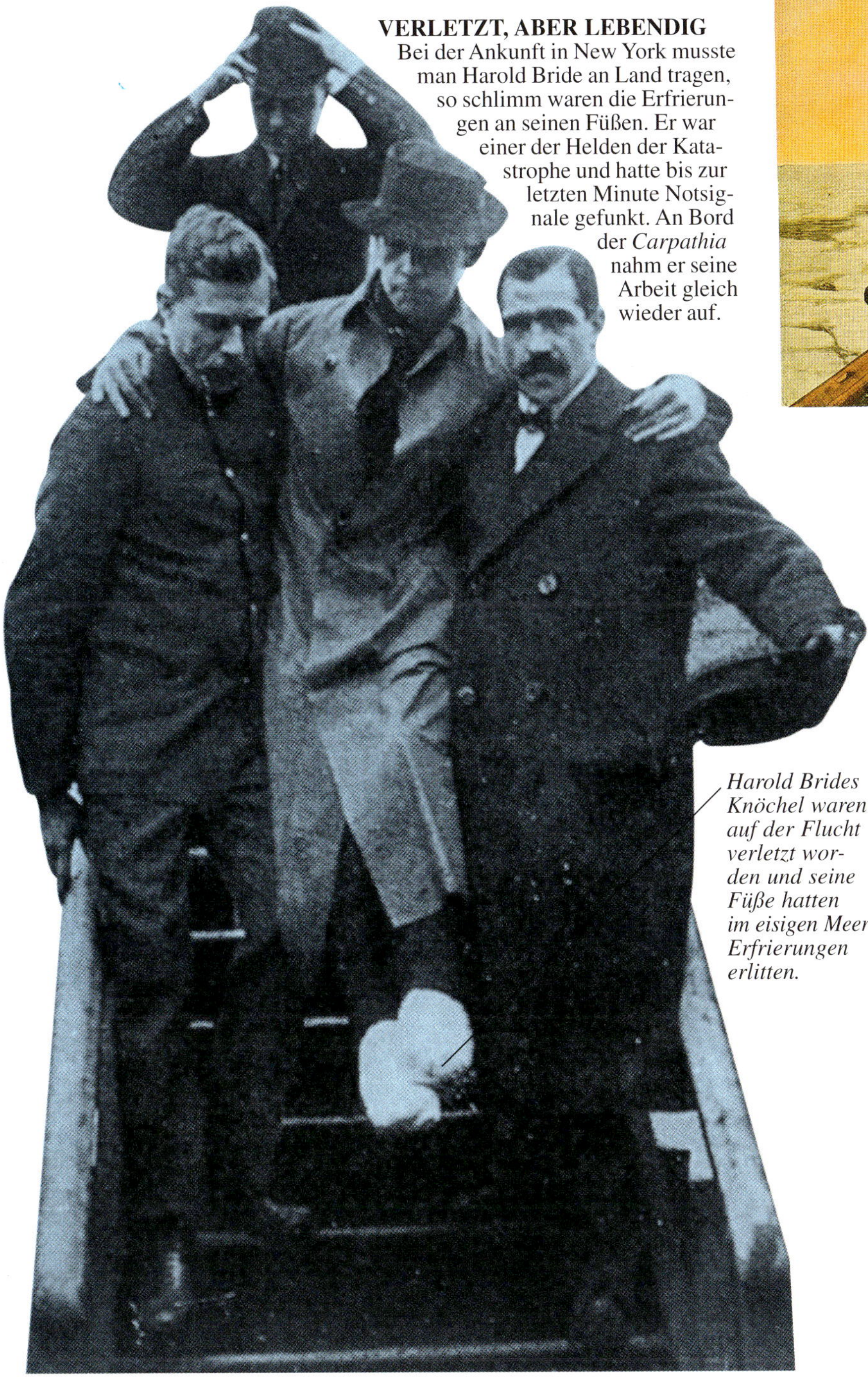

## VERLETZT, ABER LEBENDIG

Bei der Ankunft in New York musste man Harold Bride an Land tragen, so schlimm waren die Erfrierungen an seinen Füßen. Er war einer der Helden der Katastrophe und hatte bis zur letzten Minute Notsignale gefunkt. An Bord der *Carpathia* nahm er seine Arbeit gleich wieder auf.

*Harold Brides Knöchel waren auf der Flucht verletzt worden und seine Füße hatten im eisigen Meer Erfrierungen erlitten.*

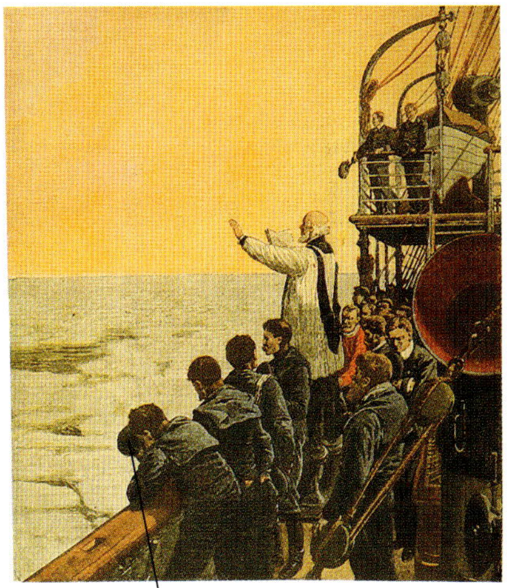

*Aus Respekt für die Toten hat er den Hut abgenommen.*

## RUHT IN FRIEDEN

Am Samstag, dem 20. April, weniger als eine Woche nach dem Unglück, hielt Pfarrer Kenneth Hind an Bord der *Mackay-Bennett* eine Trauerfeier. 24 nicht mehr identifizierbare Opfer erhielten eine würdige Seebestattung. In den nächsten Monaten barg man noch mehr Tote und es wurden weitere Trauergottesdienste abgehalten.

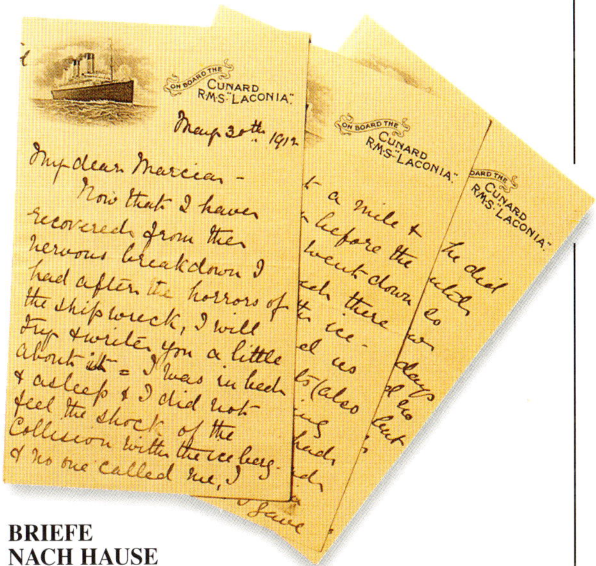

ON BOARD THE CUNARD R.M.S. LACONIA.

May 30th 1912

My dear Marian –

Now that I have recovered from the nervous breakdown I had after the horrors of the shipwreck, I will try & write you a little about it – I was in bed & asleep & I did not feel the shock of the collision with the ice-berg & no one called me, I

## BRIEFE NACH HAUSE

Viele Überlebende berichteten Freunden und Verwandten in langen Briefen von ihren Erlebnissen. Mary Hewlett, 2.-Klasse-Passagierin und im Boot Nr. 13 gerettet, schrieb: „Ich hatte meinen Mädchen lange Briefe geschrieben ... und ich gab sie Blatt um Blatt weg, damit man sie als Signalfeuer verbrennen konnte. Der Morgen dämmerte gegen halb fünf und wir sahen dutzende Eisberge und der Mond war rosa umschleiert ... kurz darauf, gegen fünf, sahen wir die Mastfeuer der *Carpathia* am Horizont."

## DIENER GOTTES

Baptistenpfarrer John Harper war auf der Rückreise von London und wollte in der Moody Church in Chicago, wo er im letzten Winter gepredigt hatte, Erneuerungsgottesdienste feiern. Harpers kleine Tochter Nina und Jessie Leitch, eine Verwandte, überlebten, doch er ging mit dem Schiff unter.

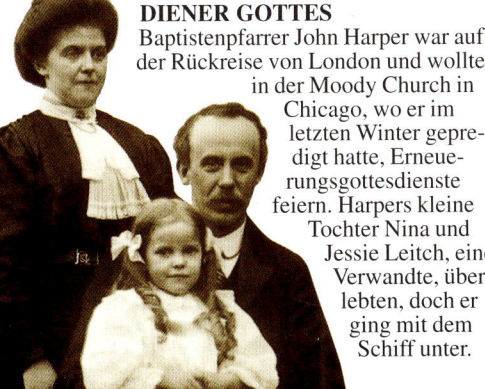

*Eine Leiche wird von einem Boot der* Mackay-Bennett *aus dem Meer gefischt.*

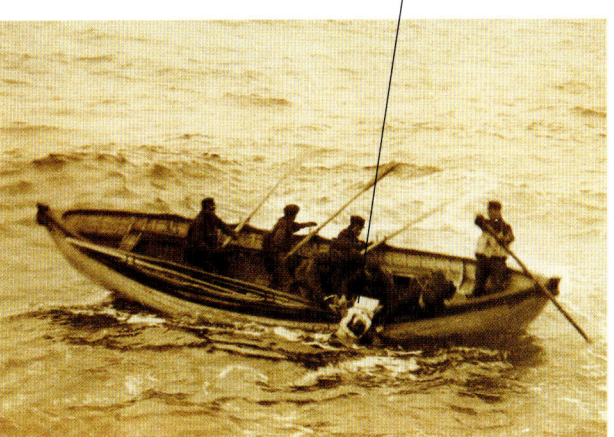

## DIE TOTEN BERGEN

Vom neuschottischen Halifax aus wurden Schiffe zur Bergung der Toten entsandt. Die *Mackay-Bennett* führte Tonnen von Eis zum Konservieren der Leichen mit, über 100 Särge und Einbalsamierer. Im Laufe von sechs Wochen fand man 328 Leichen, 119 davon wurden auf See bestattet, die Übrigen zur Beerdigung oder zur Identifizierung durch Verwandte nach Halifax gebracht.

# Lernen aus der Katastrophe

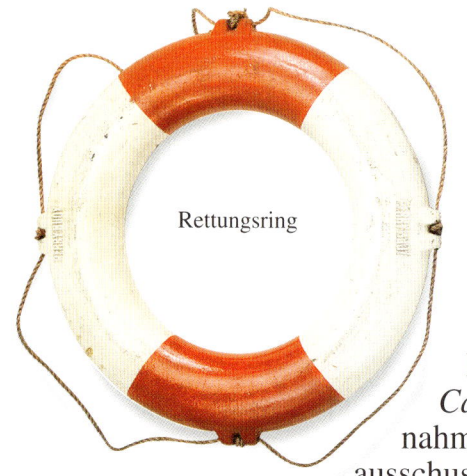

Rettungsring

Vier Tage nach dem Untergang der *Titanic* begann die erste Untersuchung der Katastrophe unter Leitung von Senator William Alden Smith in New York. Sie dauerte 17 Tage. Unter den 82 Zeugen, die gehört wurden, waren der White-Star-Aufsichtsratsvorsitzende Bruce Ismay, Guglielmo Marconi, der Ausguck Frederick Fleet und Kapitän Lord von der *Californian*. Sechs Wochen später nahm der britische Untersuchungs-ausschuss unter Lord Mersey, ehemals Richter am High Court, seine Arbeit auf. Wenngleich beide Untersuchungen sich mit der gleichen Sache beschäftig-ten, waren ihre Motive doch andere: Die amerikanische Kommission bestand aus Politikern, die einen Schul-digen suchten, während zu der britischen Rechtsan-wälte und Fachleute gehörten, die der Sache auf den Grund gehen wollten, um solche Katastrophen künftig zu vermeiden. Beide Kommissionen gaben in etwa die gleichen Empfehlungen. Sie forderten sicherer gebaute Schiffe, höhere Sicherheitsstandards, Ausbau des Funksystems und das Mitführen von ausreichend Rettungsbooten für alle Passagiere.

## WER WAR SCHULD?

Die amerikanische Untersuchungskommission gab Kapitän Smith aufgrund seiner „Gleichgültigkeit der Gefahr gegenüber" und seiner „Vermessenheit und Nachlässigkeit" Schuld an der Katastrophe. Kapitän Lord von der *Californian* sprach man eine Mitschuld zu, weil er nicht schnell zu Hilfe geeilt war, ebenso dem britischen Handelsministerium, weil seine Erlasse hinsicht-lich der Rettungsboote nicht auf dem neuesten Stand waren und weil das Schiff während des Baus zu oberflächlich kontrolliert worden war. Die bri-tische Kommission stellte fest, dass die *Titanic* zu schnell gefahren war.

Titanic-*Überlebende stehen an, um ihre Entschädigung in Empfang zu nehmen.*

## DIE VERGESSENE MANNSCHAFT

Nach den Konditionen der White Star Line endete die Beschäfti-gung und damit auch die Bezahlung der Besatzung am 15. April um 2.20 Uhr – als das Schiff unterging. Die Zeugen des US-Un-tersuchungsausschusses erhielten eine Aufwandsentschädigung, die meisten aber wurden von White Star gleich ohne finanzielle Unterstützung nach Hause befördert. Viele waren auf Sozialfür-sorge oder das Notgeld der Seemanns- und Heizergewerkschaft angewiesen, bis sie eine neue Arbeit fanden.

Der britische *Titanic*-Unter-suchungsaus-schuss bei der Arbeit

Maßstabsge-treues Modell der *Titanic*

Sir Cosmo Duff Gor-don im Zeugenstand

Der vorsitzende Richter Lord Mersey

## EISPATROUILLE

Aufgrund des Unglücks einigten sich 16 Nordatlantikstaaten 1914 auf die Einrichtung einer internationalen Eispatrouille, die die Schifffahrtswege im Atlantik kontrollieren sollte. Heute sind die Patrouillenboote und -flugzeuge mit Radar, Echolot und der neuesten Vorhersagetechnologie ausgestattet und melden allen Schiffen in der Region jeden Eisberg. Seit es die Patrouille gibt, konnten viele Menschenleben gerettet werden.

*Guglielmo Marconi, der Erfinder der Funktelegrafie*

*Die Rettungsboote hängen unter den Promenadendecks dieses modernen Passagierschiffes. So wird der Ausblick der Passagiere von Deck nicht beeinträchtigt.*

## MEHR RETTUNGSBOOTE

Die wichtigste Empfehlung beider Untersuchungskommissionen war, dass alle Schiffe mit genügend Rettungsbooten für alle Menschen an Bord ausgestattet werden und regelmäßige Notfallübungen abgehalten werden sollten. Für die damals schon fertigen Schiffe bedeutete das, dass sie mehr Rettungsboote auf Deck stapeln mussten und damit weniger Platz für Deckspaziergänge der Passagiere blieb. Heute ist dieses Problem elegant gelöst.

## AUF EMPFANG

Beide Kommissionen empfahlen die Ausrüstung aller Schiffe mit Funk und Funkbereitschaft rund um die Uhr. Die Ausschüsse empfahlen auch internationale Regelungen für den Funkverkehr. Eine vordem nur von reichen Passagieren genutzte Neuerung wurde zu einer wichtigen Navigationshilfe und Sicherheitsvorrichtung auf See.

## DIE *ANDREA DORIA*

Obwohl die *Titanic* gezeigt hatte, dass wasserdichte Schotten nicht verhindern konnten, dass ein Schiff sank, behaupteten die Planer des letzten großen Transatlantikliners, der *Andrea Doria*, dennoch, ihr Schiff sei unsinkbar. Doch nach einem Zusammenstoß mit der *Stockholm* 1956 sank das Schiff, obwohl nur eines der 11 Kompartimente geflutet war. Der Grund war, dass das Schiff kaum noch Treibstoff und Ballast an Bord und somit einen sehr geringen Tiefgang hatte. Als das Kompartiment sich mit Wasser füllte, krängte das Schiff zu einer Seite und das Wasser lief oberhalb der Schotten hinein.

*Es dauerte mehrere Stunden, bis die Andrea Doria 73 m tief ins Meer sank.*

# Das Ende einer Ära

Die *Titanic* wurde als das zweite Schiff eines Trios von Luxuslinern gebaut, das die Welt des Transatlantikverkehrs beherrschen sollte. Doch nur eines der drei Schiffe – die *Olympic* – erfüllte den Traum der White Star Line. Die *Titanic* sank auf ihrer Jungfernfahrt. Die *Britannic* wurde nur für militärische Zwecke genutzt und war weniger als ein Jahr im Einsatz. Die *Olympic* war die Ausnahme. Nach der *Titanic*-Katastrophe erhielt sie zusätzliche Sicherheitsausrüstungen und befuhr über 20 Jahre lang den Atlantik sowohl als ziviles Kreuzfahrtschiff als auch in militärischem Einsatz. 1934 aber fusionierte die White Star Line mit ihrer alten Konkurrentin, der Cunard Line, und im darauf folgenden Jahr ging die *Olympic* auf ihre letzte Reise.

**NICHT SO GIGANTISCH**
Das dritte der großen White-Star-Schiffe sollte ursprünglich *Gigantic* heißen, man nannte es dann aber *Britannic*. Das *Titanic*-Unglück noch vor Augen stattete man die *Britannic* mit einem doppelten Rumpf aus, mit Schotten, die bis zum B-Deck hinaufreichten, und gewaltigen Davits, die genug Rettungsboote für alle an Bord zu Wasser lassen konnten.

**TRUPPENSCHIFF**
In den ersten Monaten des 1. Weltkrieges beförderte die *Olympic* weiter Passagiere über den Atlantik und rettete sogar die Besatzung eines britischen Schlachtschiffes, das vor Irland auf eine Mine gelaufen war. Im September 1915 wurde sie dann als Marinetransportschiff requiriert und beförderte in drei Jahren 119.000 Truppenangehörige und Zivilisten. Sie überstand drei U-Boot-Angriffe.

R.M.S. "OLYMPIC" 46.359 TONS.
(The largest British Steamer)

*Tarnanstrich zur Irreführung feindlicher U-Boote*

*Die aufgereihten Rettungsboote reichen für alle Passagiere und Mannschaftsmitglieder.*

*Freunde und Verwandte winken den Passagieren an Bord der* Olympic *zu, als diese in New York ablegt.*

**BLÜTEJAHRE**
Nach einer Renovierung nahm die *Olympic* 1920 wieder den zivilen Passagierverkehr auf. In den nächsten 15 Jahren beförderte sie in hunderten von Fahrten tausende von Passagieren über den Atlantik. Am 15. Mai 1934 rammte sie im dichten Nebel ein Feuerschiff. Sieben der elf Besatzungsmitglieder des Feuerschiffs starben. Im März 1935 ging die betagte *Olympic* auf ihre letzte Reise. Anschließend wurde sie verkauft, ausgeschlachtet und verschrottet.

## KRIEGSDIENST

Nur ein halbes Jahr nach dem Stapellauf der *Britannic* am 26. Februar 1914 brach der 1. Weltkrieg aus. Eilends wurde das Schiff in ein Lazarettschiff mit Schlaf- und Operationssälen auf jedem Deck umgebaut; im Dezember 1915 begann sein Kriegseinsatz.

*Rote Kreuze auf der Seite des Rumpfes zeigten an, dass die* Britannic *ein Lazarettschiff war.*

*Uniform einer freiwilligen Krankenschwester*

*In die Backbordseite der* Britannic *wurde ein großes Loch gerissen.*

©KEN MARSCHALL 1995

## SCHWESTER JESSOP

Die meisten Toten beim Untergang der *Britannic* gab es, als man versuchte die Maschinen wieder zu starten und Menschen in Rettungsbooten in den Sog der Schrauben gerieten. Eine der Überlebenden war die Krankenschwester Violet Jessop (oben), die schon den Untergang der *Titanic* überlebt hatte.

## AUF DEM MEERESGRUND

Am 21. November 1916 dampfte die *Britannic* von Thessaloniki/Griechenland westwärts durch die Straße von Kea südöstlich von Athen, um verwundete britische Soldaten nach Hause zu bringen. Eine plötzliche Explosion riss ein gewaltiges Loch in das Schiff, das innerhalb einer Stunde sank. Wahrscheinlich war das Schiff auf eine Mine gelaufen.

*Französische Walnussvertäfelung aus dem À-la-carte-Restaurant der 1. Klasse auf der* Olympic

## WIEDER ENTDECKT

Viele der geschnitzten Holzvertäfelungen und andere Ausstattungsgegenstände der *Olympic* wurden ausgebaut, ehe das Schiff verschrottet wurde, und in einer Scheune in Nordengland gelagert. 56 Jahre später entdeckte man die Gegenstände wieder. Sie wurden verkauft und zieren heute das Interieur von Hotels, Fabriken und Privathäusern in ganz England.

# Suche und Bergung

Für die Forscher an Bord der *Knorr*, des Schiffes, das nach dem Wrack der *Titanic* suchte, schien die Nacht des 31. August 1985 ebenso ereignislos zu werden wie all die Nächte zuvor. Zwei Monate lang hatte das unbemannte Tauchboot *Argo* die schlammigen Tiefen des Nordatlantiks durchkämmt – erfolglos. Dann, kurz nach Mitternacht, am 1. September, tauchten auf den Monitoren des Schiffes kleine Metallstücke auf. Zuerst war nur ein kaputter Kessel zu sehen, doch man erkannte sofort, dass er von der *Titanic* stammte. Die Kamera folgte einer Spur von Gegenständen, bis plötzlich der gewaltige schwarze Schatten des Schiffsrumpfes in Sicht kam. 73 Jahre nach ihrem tragischen Untergang hatte man die *Titanic* gefunden.

Die seichte Große Neufundlandbank liegt genau nördlich des Wracks.

Im dicken Schlamm des Meeresboden liegen Steine und kleine Felsen verstreut.

## HIER RUHT SIE
Die *Titanic* wurde 41°43'N, 49°56'W geortet, 770 km südöstlich von Neufundland. Das Wrack liegt auf dem leicht abfallenden Meeresgrund oberhalb eines kleinen Grabens, dem Forscher 1980 den Namen *Titanic*-Graben gegeben hatten.

500 m

1000 m

Modell des Bugbereichs des *Titanic*-Wracks

Bug- und Heckbereich sind fast sauber durchtrennt.

2000 m

## DAS WRACK
Bug und Heck des Schiffes liegen 600 m auseinander auf dem Meeresgrund und weisen in entgegengesetzte Richtungen. Beide stehen aufrecht, der Bug hat sich 20 m in den Schlamm gegraben, ist aber recht gut erhalten.

3000 m

## LEBENSFEINDLICH
Die *Titanic* liegt in 3800 m Tiefe. Bis hierher dringt kein Licht und die Temperatur überschreitet kaum 2 °C. Hier wachsen keine Pflanzen und auch nur wenige Tiere können den hohen Druck und die Kälte aushalten.

4000 m

## GEWALTIGE KESSEL
Als das Schiff sank, rissen sich die meisten der 29 Kessel los und prallten aufeinander. Doch nur fünf wurden aus dem Schiff geschleudert. Man fand sie später in einem Trümmerfeld. Die übrigen 24 befinden sich wahrscheinlich noch immer im Wrack.

## ROSTIGER BUG
Rostschichten haben einen Aufbau am Bug der *Titanic* überzogen und lassen ihn wie eine Galionsfigur erscheinen. In Wirklichkeit diente der Aufbau der Sicherung des Fockstags, das den Fockmast aufrecht hielt.

Kräftige
Scheinwerfer
erleuchten
das Wrack.

## STÜCKE AUFSAMMELN

Im Juli 1987 fuhr ein französisches Forschungs-
team zum Wrack der *Titanic*, um genauere Untersuchungen vorzunehmen. Die Forscher arbeiteten
vom Mutterschiff *Nadir* (oben) aus und eine Drei-
ergruppe erforschte den Meeresgrund mit dem
Tauchboot *Nautile* (rechts). Mithilfe der Greif-
arme des Tauchboots sammelte man 1800 Gegenstände vom Meeresboden auf.

*Roboterarme zum Auf-
sammeln von Gegenständen*

*Die Crew sitzt in
einer Titankugel.*

## UNTER-WASSER-FORSCHER

Die *Nautile*, das Tauch-
boot der *Titanic*-Expe-
dition von 1987, war nur
8 m lang. Die dreiköpfige
Besatzung – ein Pilot, ein
Kopilot und ein Beobach-
ter – brauchte 90 Minu-
ten bis zum Meeresgrund
und konnte acht Stun-
den unten bleiben, bis sie
wieder zurück musste.

*Die Scheiben der Bull-
augen bestehen aus
extra starkem, gewölb-
tem Plexiglas, das
durch den Druck in
der Tiefe flach wird.*

## IM TAUCHBOOT

In der *Nautile* war es eng und
heiß. Die dreiköpfige Crew
blickte auf der Seite liegend
durch kleine Bullaugen auf
das Wrack. Lichter erhellten die Szenerie,
Videokameras
hielten sie für
die Nach-
welt fest.

*Der Fockmast liegt um-
gestürzt auf dem Deck.*

*Die Ankerwinde steht noch
immer aufrecht am Bug;
dahinter befinden sich
zwei dicke Ankerketten.*

*Der Steuerbord-
anker der* Titanic
*ist noch in seiner
ursprünglichen
Lage zu erkennen.*

## UMGESTÜRZTER TELEGRAF

Dieser Telegraf gehörte zu den Dingen, die die *Argo*
fotografierte. Ursprünglich stand er auf der Landungsbrücke am Heck des Schiffes und diente zur
Kommunikation mit dem Maschinenraum, wenn das
Schiff in den Hafen hinein oder hinaus manövrierte.

## BLICK IN DIE VERGANGENHEIT

Unter den Gegenständen, die die Expedition von 1987
aufsammelte, war auch eines der vielen Bullaugen des
Schiffes. Porzellanteller, Besteck, Lampen, ein leerer
Safe, eine Cherubstatue von der großen Freitreppe und
sogar ein Nachttopf wurden vom Meeresboden geborgen.

*Die Arme der* Nautile *sind
mit verschiedenen Werkzeu-
gen zum Aufsammeln von
Gegenständen ausgerüstet:
einem Sauger, einem Grei-
fer und einer Schaufel.*

# Ein Puzzlespiel

Die Entdeckung des Wracks der *Titanic* und die Bergung von Gegenständen vom Meeresgrund haben einige offene Fragen beantwortet, aber bei weitem nicht alle. Wir wissen, dass der Rumpf auseinander brach, als das Schiff sank, und dass der verwendete Stahl nicht stark genug war, dem eisigen Wasser des Nordatlantiks zu widerstehen. Wir wissen auch, dass das Schiff etwa 21 km von der zum Zeitpunkt der Katastrophe geschätzten Position entfernt gesunken ist. Das wirft Zweifel auf, welche Schiffe damals in Reichweite waren und der *Titanic* zu Hilfe kommen konnten. Die Geschichte der *Titanic* führt über 80 Jahre nach dem Vorfall immer noch zu kontroversen Diskussionen. Viele Menschen sind der Ansicht, dass das Bergen von Gegenständen aus dem Wrack so etwas wie Grabschändung sei und man die *Titanic* in Frieden ruhen lassen sollte. Andere wollen so viel wie möglich vom Schiff und seinem Inhalt heben, um diese Dinge dann auszustellen. Doch wie auch immer verfahren wird – die Diskussionen werden weitergehen.

### KOHLEN VOM MEERESGRUND

Unter den vom Meeresgrund geborgenen Gegenständen sind zahlreiche Kohlebrocken, die aus den drei Kohlebunkern quollen, als das Schiff sank. Kohlestücke sind die einzigen Dinge, die verkauft wurden. Mit dem dadurch verdienten Geld will man weitere Bergungsmaßnahmen finanzieren.

*Zwei Tonnen schwerer Stahlaufbau vom Wrack*

### METALLERMÜDUNG

Untersuchungen des Stahls, der für den Rumpf verwendet wurde, ergaben, dass die Platten und Nieten in kaltem Wasser brüchig wurden. In der Unglücksnacht betrug die Wassertemperatur etwa −0,2 °C. Außerdem war der Schwefelanteil im Stahl sehr hoch, was ihn zusätzlich brüchig machte. Diese beiden Dinge erklären, warum der Eisberg einen so verheerenden Schaden verursachen konnte.

### SCHATZFUND

Viele der Gegenstände vom Meeresgrund werden augenblicklich in Labors in Frankreich untersucht und/oder restauriert, wenngleich Letzteres sehr zeit- und arbeitsaufwändig ist. Die Wissenschaftler können mithilfe dieser Fundstücke mehr über die Korrosion durch Meerwasser erfahren.

### NEUE RICHTUNG

Der Schiffskompass (oben) stand auf einem Holzständer, der größtenteils von Schiffsbohrwürmern (Bohrmuscheln) zerfressen war. Aufwändige Restaurierungsarbeiten haben ihn weitgehend wieder hergestellt.

*Die Gegenstände werden in Süßwasser gewaschen, um schädlichen Schlamm und Salz zu entfernen.*

*Verklumpt: Löffel und Porzellan aus der* Titanic

### VERSCHMOLZEN

Die korrodierenden Eigenschaften des Meerwassers lassen Metall rosten und Gegenstände zu eigenwilligen Verbindungen verklumpen. Hier sind Löffel und Porzellan fest verschmolzen. Um die Gegenstände wieder zu trennen, setzt man Elektrolyse ein: Man schickt elektrischen Strom in einem Chemiebad durch die Metallgegenstände. Damit lässt sich der weitere Verfall bremsen und der Klumpen aufweichen.

*Verschiedene, gut erhaltene Löffel vom Meeresgrund*

# Was geschah?

Vor der Entdeckung des Wracks hatten viele geglaubt, dass das Schiff in einem Stück untergegangen sei. Dass man das Wrack in zwei Teile zerbrochen fand, die etwa 600 m voneinander entfernt liegen, bestätigt die Aussagen einer Reihe von Augenzeugen, die berichteten, das Schiff sei in zwei Teile auseinander gebrochen.

### STUFE 1
Als sich die „wasserdichten" Abteilungen nacheinander mit Wasser füllten, sank der Bug langsam und drückte dabei das Heck aus dem Wasser. Durch die Neigung wurde der Kiel stark belastet.

### STUFE 3
Der Kiel hielt der Belastung nicht mehr stand und brach zwischen dem dritten und vierten Schornstein. Dadurch kippte das Heck wieder zurück und schwamm einige Minuten gerade auf dem Wasser.

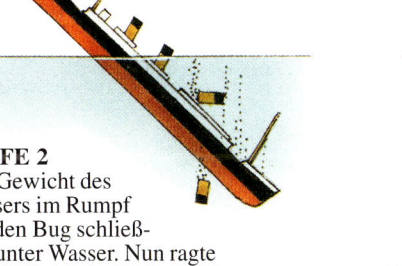

### STUFE 2
Das Gewicht des Wassers im Rumpf zog den Bug schließlich unter Wasser. Nun ragte das Heck aus der Luft, was dazu führte, dass sich die Schornsteine, Maschinen, Kessel und andere Dinge im Schiff losrissen und nach vorn stürzten.

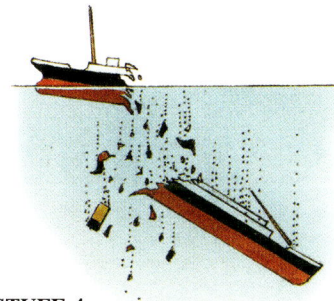

### STUFE 4
Der Bug tauchte schräg ab zum Meeresgrund. Dabei riss er vollständig vom Heck ab, das noch einen Augenblick weiterschwamm, bis es ebenfalls unterging. Die Trümmer wurden über ein großes Gebiet am Meeresboden verstreut.

## VOM EIS ZERSCHNITTEN
Lange glaubte man, dass der Eisberg der *Titanic* einen durchgehenden Schnitt entlang des Rumpfes zugefügt hätte. Bis vor kurzem konnte man diese Theorie nicht überprüfen, da das Wrack bis zu 17 m tief im Schlamm steckt. Neuere Sonaraufnahmen aber zeigen, dass der Eisberg in Wirklichkeit sechs schmale Einschnitte verursachte.

## NUR HANDWÄSCHE
Durch sorgfältiges Aufpinseln von sanften Reinigungs- und Konservierungsmitteln kann man die 80 Jahre Einwirkung von Meerwasser langsam rückgängig machen und vom Meerwasser angegriffene Kleidungsstücke wieder in ihrem alten Glanz erstrahlen lassen.

*Die Kleider werden abgestaubt, um Schmutz zu entfernen.*

*Kleidungsstücke nach der Restaurierung*

## SO GUT WIE NEU
Viele Kleidungsstücke aus dem Wrack sind erstaunlich gut erhalten, weil sie in Überseekisten und Koffern gut verpackt waren oder sauber gefaltet in Schubladen lagen. Vieles wurde geborgen, darunter ein Paar Handschuhe, ein ordentlich gebügeltes Hemd und eine Stewardjacke.

*Gummihandschuhe schützen vor ätzenden Chemikalien.*

# Eine unendliche Geschichte

**D**ie *Titanic* ist im Meer versunken, doch in der Erinnerung und in vielen Geschichten lebt sie weiter. Das kurze Leben der *Titanic*, die in Belfast gebaut wurde und schon auf ihrer Jungfernfahrt sank, nachdem sie einen Eisberg gerammt hatte, ist heute, fast 90 Jahre später, nicht in Vergessenheit geraten. Im Gegenteil: Durch zahllose Filme, Bücher, Musicals, Lieder, Computerspiele und Internetseiten ist die *Titanic* heute berühmter denn je. Geflügelte Worte wie „keine Panik auf der *Titanic*" oder die „Spitze des Eisbergs" machten die Runde und fast jeder weiß das eine oder andere über diese faszinierende Geschichte. Selbst diejenigen, die sich nicht für Schiffe oder das Meer interessieren, rührt die tragische Geschichte der *Titanic*, ihrer Passagiere und Besatzung und sie sind schockiert über die vielen unnötigen Todesopfer. Die *Titanic* mag am Grund des Atlantiks verrosten, doch das Interesse an dem Schiff – und der zauberhaften Zeit, zu der es gehörte – bleibt bestehen.

### INS WASSER GEFALLEN
Eine weniger gelungene Verfilmung der *Titanic*-Geschichte war *Hebt die Titanic* (1980). Die Produktionskosten betrugen 120 Mio. DM, und der Film brachte so wenig ein, dass der Filmmoderator Lord Grade bemerkte, es wäre billiger gewesen, den Atlantik abzusenken.

*Beilage zum* Sphere Magazine *vom 27. April 1912*

*Denkschrift des* Daily Graphic *vom 20. April 1912*

Daily Mirror *vom 16. April 1912*

*Notenblätter zu* Der Untergang der Titanic, *komponiert von Haydon Augarde*

The Deathless Story of the Titanic, *herausgegeben von* Lloyds Weekly News 1912

*Notenblatt für* The Ship that will never return, *komponiert von F. V. St. Clair*

### STUMMFILMSTAR
Eine der Überlebenden der *Titanic*, der die Tragödie Gewinn brachte, war die Schauspielerin Dorothy Gibson, die in der 1. Klasse reiste und in einem der Rettungsboote entkam. Einen Monat nach dem Untergang des Schiffes wirkte sie als Koautorin und Schauspielerin in dem Stummfilm *Saved from the Titanic* mit und war auch später im Filmgschäft erfolgreich. Dieser Stummfilm war der erste einer ganzen Reihe von Filmen, die von diesem Schiff handelten.

### GEDRUCKT
Innerhalb weniger Tage nach der Katastrophe gaben die Zeitungen Denkschriften und Sonderausgaben mit Fotos und zeichnerischen Rekonstruktionen der letzten Stunden der *Titanic* heraus. Komponisten schrieben Trauerlieder und Postkartenproduzenten druckten Karten mit dem Schiff und seinem Kapitän. Bald kamen auch die ersten Bücher zu dem Thema auf den Markt.

## DIE LETZTE NACHT

Als 1955 Walter Lords Tatsachenbericht *Die letzte Nacht der Titanic* erschien, kam neues Interesse an der *Titanic* auf. Lords Interviews mit 63 Überlebenden ließen die letzten Stunden an Bord des Schiffes wieder lebendig werden. Das Buch wurde 1956 für das Fernsehen und 1958 als erfolgreiches Dokudrama mit Kenneth More für die Leinwand verfilmt.

## 3D-REKONSTRUKTION

Die Anziehungskraft der *Titanic* lebt im Computerzeitalter fort. Vom sicheren Zuhause aus kann man in einem 3D-Videospiel durch das Schiff wandern, die Säle, Kabinen und Decks erkunden und die letzten Augenblicke auf dem Schiff erleben.

## *TITANIC*-MUSICALS

Der Untergang der *Titanic* mag als Stoff für ein Musical als denkbar ungeeignet erscheinen, doch *The Unsinkable Molly Brown* startete 1960 am Broadway in New York und wurde ein voller Erfolg. Das neuere Musical *Titanic* (oben) wurde 1997 anlässlich des 85. Jahrestages der Katastrophe uraufgeführt. Es hob besonders die Unterschiede zwischen den Passagieren der 1. Klasse und den armen Auswanderern in der 3. Klasse hervor.

Kate Winslet und
Leonardo DiCaprio im
*Film* Titanic *von 1997*

## DIE GROSSE ZEIT

Als 1997 der Film *Titanic* in die Kinos kam, wuchs das Interesse an der *Titanic* gewaltig. Der Film des Regisseurs James Cameron mit den Stars Kate Winslet und Leonardo DiCaprio gewann 11 Oscars, darunter den für beste visuelle Effekte und beste Regie. Innerhalb von zwei Jahren spielte der Film rd. 1,8 Mrd. Dollar ein und wurde damit zum erfolgreichsten Film aller Zeiten.

## DIE *TITANIC* HEBEN?

Immer wieder gab es Pläne die *Titanic* zu heben. Verwandte einiger reicher Passagiere erwogen dies schon wenige Tage nach dem Untergang. Einige schlugen vor dazu Magnete oder Heliumballons am Schiffsrumpf zu befestigen – es kam sogar die Idee auf, das Schiff mit Tischtennisbällen zu füllen! Während man sich darüber streitet, ob man die *Titanic* bergen oder in Ruhe lassen soll, verrostet das Wrack immer weiter und wird eines Tages zerfallen sein.

# Schiffskatastrophen

Seit Menschen zur See fahren, gibt es Schiffskatastrophen. Die Mythen der alten Seefahrervölker (z.B. die *Odyssee*) zeugen von der Auseinandersetzung mit dem ungewissen Schicksal der Seeleute. Da die Fahrzeuge zunächst noch recht klein waren, blieben die Folgen von Havarien auch sehr begrenzt. Mit der Entwicklung riesiger Schiffe, sei es für den Personentransport oder als Öltanker, veränderte sich auch die Größenordnung der Katastrophen. So können heute tausende von Menschen bei einer Havarie ums Leben kommen oder ganze Küsten bei einem Tankerunglück mit Öl verschmutzt werden und hunderttausende von Tieren an den Folgen sterben. Während die kleinen Schiffe der ersten Seeleute noch in großem Maße den Unbilden der See ausgesetzt waren und Wind und Strömungen als Ursachen für Havarien eine große Rolle spielten, kommen bei den großen und technisch ausgefeilten Fahrzeugen heute zunehmend menschliches Fehlverhalten und Unvermögen als Gründe für Unfälle hinzu. Nachfolgend sind einige der bekanntesten Schiffskatastrophen, vor allem aus dem 20. Jahrhundert, zusammengestellt, allerdings ohne Anspruch auf Vollständigkeit. Die Beispiele bestätigen die Lehren aus dem Untergang der *Titanic*: Seefahrt erfordert ein hohes Maß an Kompetenz, Verantwortung und Vorsicht – menschliche Überheblichkeit kann zur Katastrophe führen.

## Segelschiffe

### Essex
*Größe: 26 m langer Dreimaster, 238 t*
*Datum: 20. November 1820*
*Ort: Pazifik, 2100 km westlich der Galapagos-Inseln*
*Opfer: 12*

Am 12. August 1819 verließ der Walfänger *Essex* Nantucket an der amerikanischen Ostküste, den Hauptstützpunkt der amerikanischen Walfänger. Sein Weg führte um das Kap Hoorn zu den Jagdgründen im Pazifik. Elf Giganten hatte die Mannschaft schon erbeutet und zu Tran verkocht, als die *Essex* am 20. November 1820 erneut den Bläst von Pottwalen entdeckte. Die Boote wurden zu Wasser gelassen und die Jagd begann. Das Boot des Steuermanns Owen Chase war durch eine Walflosse beschädigt worden, sodass er zur *Essex* zurückkehrte, um es zu reparieren. Chase berichtet, wie ein Pottwalbulle, der genauso lang war wie das Schiff und an die 80 t wog, das Schiff zweimal mit großer Geschwindigkeit rammte. Innerhalb kurzer Zeit hatte die *Essex* schwere Schlagseite. Die Besatzung konnte noch die Lebensmittel und Wasservorräte in die Fangboote bringen. Am nächsten Tag sank die *Essex*. Sengende Sonne, Stürme und sogar den Angriff eines Orkas mussten die Männer überstehen. Am schlimmsten war jedoch der Proviantmangel. Die ersten Toten wurden noch bestattet, dann jedoch waren die halb verhungerten Seemänner gezwungen ihre toten Kameraden zu verspeisen. Das Boot mit Chase an Bord wurde am 18. Februar 1821 gerettet. Auch das Boot mit dem Kapitän und einem weiteren Überlebenden wurde entdeckt. Schließlich konnten zwei Monate später auch drei weitere, auf einer kleinen Insel zurückgebliebene Seeleute gerettet werden. Das Schicksal der *Essex* war die Vorlage für Herman Melvilles Roman *Moby Dick*.

### Preußen
*Größe: Fünfmastvollschiff, Länge 133 m, Breite 16,4 m, 48 Segel, 5560 m² Segelfläche*
*Datum: 5./6. November 1910*
*Ort: vor der englischen Südküste*
*Opfer: keine*

Die *Preußen* war das größte und schnellste Segelschiff ihrer Zeit. Sie fuhr als Salpetersegler von der Westküste Südamerikas nach Europa und transportierte Natriumnitrat für Dünger und Sprengstoffe. Dabei konnte sie 8000 t laden. Am 31. Oktober 1910 verließ sie Hamburg mit Stückgut, Zucker und 100 Steinway-Flügeln. Am 5. November um 21.00 Uhr frischte der Wind auf, der Kapitän ließ Segel setzen und entließ den Schlepper. Gegen 22.00 Uhr verließ der englische Dampfer *Brighton* Newhaven, um den Ärmelkanal nach Dieppe in Frankreich zu überqueren. Der Dampfer unterschätzte die Geschwindigkeit der *Preußen*, die als Segelschiff ohnehin „Vorfahrt" hatte, und der stählerne Klüverbaum der *Preußen* riss den vorderen Mast und den vorderen Schornstein der *Brighton* aus der Verankerung. Auch die *Preußen* war beschädigt und es drang Wasser ein, aber die Schotten hielten und das Schiff blieb schwimmfähig. Es versuchte einen Hafen anzulaufen, aber das Wetter wurde schlechter. Auch die Versuche zu ankern scheiterten. Schließlich mussten auch die Schlepper aufgeben, die *Preußen* lief auf Grund, zerbrach und sank. Der größte Teil der Ladung wurde gerettet, darunter die Steinway-Flügel.

### Pamir
*Größe: Viermastbark, 3020 BRT, Länge 84 m, 4180 m² Segelfläche*
*Datum: 21. September 1957*
*Ort: Atlantik, 800 km südwestlich der Azoren*
*Opfer: 80*

Die *Pamir* wurde 1905 gebaut und fuhr zunächst als Salpetersegler, später transportierte sie Weizen. In den 1950er-Jahren sollte sie abgewrackt werden, entging jedoch diesem Schicksal und diente dann als Segelschulschiff der deutschen Handelsmarine. Ende August 1957 brach sie mit 4000 t Gerste beladen, 35 Mann Besatzung und 51 Kadetten von Buenos Aires nach Hamburg auf. Da die Hafenarbeiter streikten, war das Schiff von Wehrpflichtigen beladen worden. Am 20. September erhielt die *Pamir* die erste Warnung vor dem Hurrikan Carrie. Dieser Hurrikan verhielt sich untypisch und nahm schließlich Kurs direkt auf die *Pamir*. Er erreichte das Schiff, noch ehe alle Segel geborgen werden konnten. Das Schiff krängte stark, wahrscheinlich weil die Ladung verrutscht war, sodass drei riesige Brecher das Schiff schließlich zum Kentern brachten. Nach 56 Stunden konnten nur sechs Überlebende in einer der größten Rettungsaktionen, an der 78 Schiffe und Flugzeuge beteiligt waren, geborgen werden. Das Seeamt Lübeck kam zu der Überzeugung, dass das Unglück hätte vermieden werden können: Die Ladung hätte nicht verrutschen dürfen, die *Pamir* hatte trotz Sturmwarnung zu viel Segel gesetzt und der Kapitän (es war seine erste Fahrt mit der *Pamir*) hatte zu wenig Erfahrung mit Großsegelschiffen. Diese Auffassung des Seeamts wird allerdings infrage gestellt.

## Kriegsschiffe und Schiffskatastrophen im Krieg

### Mary Rose
*Größe: Länge 32 m, Breite 11,66 m, 700 t*
*Datum: 19. Juli 1545*
*Ort: Schlacht von Portsmouth*
*Opfer: 665*
*Bergung: 1982, jetzt in eigenem Museum in Portsmouth*

Die *Mary Rose* gehörte zu den Prunkstücken der Flotte Heinrichs VIII. Sie war 1509 erbaut und 1536 zu einem modernen Kriegsschiff mit weniger Matrosen und mehr Kanonen umgebaut worden. Bei der Abwehr einer französischen Invasion kam es wahrscheinlich zu Fehlern beim Segelsetzen, wodurch sich das Schiff zur Seite neigte. Viele der Soldaten an Bord stürzten und verstärkten die Schlagseite. Schließlich rissen sich nicht ausreichend festgezurrte Kanonen los, sodass die Gewichtsverlagerung so stark wurde, dass das Schiff Wasser aufnahm und sank.

## Armada

*Datum: Mai bis August 1588*
*Ort: Ärmelkanal, Nordatlantik*
*Opfer: über 10.000 (nach verschiedenen Quellen etwa 20.000)*
*Bergung: Einige der Schiffe konnten geborgen werden.*

Mitte Mai 1588 verließ die bis dahin gewaltigste Kriegsflotte den Hafen von Lissabon und nahm Kurs auf den Ärmelkanal. 130 Kriegsschiffe und eine ganze Reihe weiterer Schiffe – insgesamt sollen es 515 gewesen sein – mit über 30.000 Matrosen sollten für Philipp II., den König von Spanien, England erobern. Am 8. August griffen die Engländer an und konnten durch die Überlegenheit ihrer Artillerie die Spanier in die Flucht schlagen. Der direkte Heimweg war den Spaniern versperrt, sodass sie um Schottland herum segeln mussten. Mit beschädigten Schiffen und viel zu wenig Proviant endete die Heimfahrt in der Katastrophe. Viele Seeleute verhungerten oder starben an Mangelkrankheiten, die in diesem Jahr besonders heftigen Stürme im Nordatlantik taten ein Übriges. Nur 40 Kriegsschiffe und 10.000 bis 20.000 Seeleute blieben übrig. Für England bedeutete dieser Sieg einen wichtigen Schritt auf dem Weg zur Weltmacht.

## Lusitania

*Größe: Länge 240 m, Breite 26,8 m, 31.550 BRT*
*Datum: 7. Mai 1915*
*Ort: vor der Südostküste Irlands*
*Opfer: 1195*
*Bergung: Die Lage des Wracks ist bekannt. Es wurde mehrfach aufgesucht.*

Während des 1. Weltkrieges hatte Deutschland am 4. Februar 1915 die Gewässer um Großbritannien zum Kriegsgebiet erklärt. Die deutsche Kriegsflotte sollte dort alle feindlichen Schiffe ohne Warnung versenken, neutrale Schiffe würden dieses Gebiet auf eigenes Risiko befahren. Am 22. Februar erklärte das Deutsche Reich den „uneingeschränkten U-Boot-Krieg", das heißt die Torpedierung von Kriegs- und Handelsschiffen aller Staaten in den zum Kriegsgebiet erklärten Gewässern. Am 7. Mai traf das deutsche U-Boot *U 20* am Ende eines Einsatzes, bei dem es schon eine ganze Reihe von Schiffen versenkt hatte, auf die aus New York kommende *Lusitania*. Mit einem Torpedotreffer wurde die *Lusitania* versenkt. Das Schiff hatte nicht nur Passagiere an Bord, sondern auch Kriegsmaterial gela-

den. Unter den Opfern befanden sich auch 128 Amerikaner, sodass das Deutsche Reich den Eintritt Amerikas in den 1. Weltkrieg befürchtete. Die Kriegserklärung der USA erfolgte aber erst zwei Jahre später.

## Bismarck

*Größe: Länge 251 m, Breite 36 m*
*Datum: 27. Mai 1941*
*Ort: Dänemarkstraße zwischen Schottland und Island*
*Opfer: ca. 2106*

Das Schlachtschiff *Bismarck* war das größte Schiff der deutschen Marine im 2. Weltkrieg. Es lief am 14. Februar 1939 vom Stapel. Im Mai 1941 sollte die *Bismarck* zusammen mit anderen Schiffen einen Angriff auf die alliierte Schifffahrt im Atlantik führen. Die Engländer erfuhren von dem Vorhaben und waren vorbereitet. Der Weg der *Bismarck* wurde von Anfang an verfolgt. Am 23. Mai kam es zur ersten Schlacht, in der die *Bismarck* ein englisches Schlachtschiff versenkte, selbst aber auch drei Treffer erhielt, sodass sie ihre ursprüngliche Mission abbrechen musste. Die *Bismarck* versuchte nach Frankreich zu entkommen, wurde aber schließlich gestellt und versenkt.

## Wilhelm Gustloff

*Größe: 25.484 BRT*
*Datum: 30. Januar 1945*
*Ort: Ostsee*
*Opfer: mindestens 5400*

Viele der am Ende des 2. Weltkrieges vor der anstürmenden Roten Armee fliehenden Soldaten und Zivilisten versuchten über die Ostsee zu entkommen. Die *Wilhelm Gustloff*, ein ehemaliges „Kraft-durch-Freude"-Schiff, verließ am 30. Januar 1945 mit etwa 5000 Flüchtlingen – meist Frauen, Kindern und älteren Menschen – sowie 1600 Mann Besatzung Gdingen (Gotenhafen). Kurz nach 21.00 Uhr wurde sie vom Torpedo eines sowjetischen U-Bootes getroffen und sank. Nur 904 Menschen konnten gerettet werden. Am 16. April 1945 wurde unter ähnlichen Umständen der Frachter *Goya* versenkt. Von den 6385 Menschen an Bord überlebten weniger als 200. Der Untergang dieser Flüchtlingsschiffe forderte somit die meisten Opfer bei Schiffskatastrophen.

## Scorpion (U-Boot)

*Größe: Länge 76,81 m, 3513 t Wasserverdrängung*
*Datum: 22. Mai 1968*
*Ort: Atlantik (740 km südwestlich der Azoren)*
*Opfer: 99*

Am 17. Mai 1968 verließ die *Scorpion* den amerikanischen U-Boot-Stützpunkt Rota in Spanien, wo zwei Besatzungsmitglieder an Land gegangen waren. Das U-Boot befand sich auf dem Heimweg von einer Mission im Mittelmeer zu

seinem Heimathafen Norfolk an der amerikanischen Ostküste. Nachdem das U-Boot am 21. Mai routinemäßig seine Position durchgegeben hatte, verschwand es. Acht Monate später fand man es in 3000 m Tiefe südwestlich der Azoren. Die Unglücksursache ist nicht endgültig geklärt. Möglicherweise wurde nach einem Betriebsfehler ein Torpedo abgefeuert, dessen Zielsuchsystem sich auf die *Scorpion* selbst richtete. Das U-Boot hatte einen Nuklearantrieb und außerdem Kernwaffen an Bord. Messungen sollen allerdings ergeben haben, dass sich in der Nähe des Wracks bisher keine erhöhte Strahlung feststellen lässt.

# Öltanker

## Torrey Canyon

*Größe: Länge 297 m, Fassungsvermögen 331.198 m³*
*Datum: 18. März 1967*
*Ort: Scilly-Inseln*

Die unter liberianischer Flagge fahrende *Torrey Canyon* nahm 1967 auf der Liste der größten Schiffe den 13. Platz ein. Sie war unterwegs vom Persischen Golf zum Erdölhafen Milford Haven in Wales. Kurz vor ihrem Ziel lief sie vor der Südwestküste Großbritanniens auf ein Riff und brach auseinander. Mit 117.000 t Öl lief fast die gesamte Ladung aus und verursachte an den Küsten von Cornwall, der Kanalinseln, der Bretagne und der Niederlande die bis dahin größte Ölpest. Als Unglücksursache stellte eine Untersuchungskommission menschliches Versagen fest. Der Kapitän handelte unvorsichtig, als er die Scilly-Inseln im Osten passierte. Danach traf er noch mehrere Fehlentscheidungen, sodass die Katastrophe schließlich nicht mehr zu vermeiden war.

## Amoco Cadiz

*Größe: 250.000 BRT, Fassungsvermögen 639.836 m³*
*Datum: 16. März 1978*
*Ort: vor der Bretagne*

Die ebenfalls unter liberianischer Flagge fahrende *Amoco Cadiz* transportierte Rohöl vom Persischen Golf nach Rotterdam. Als sie am 16. März 1978 um 9.15 Uhr ihren Kurs in Richtung Ärmelkanal änderte, fiel nahe der französischen Hafenstadt Brest bei Windstärke 7 die Rudermaschine aus. Alle Versuche den Schaden zu beheben scheiterten. Der zu Hilfe geeilte deutsche Schlepper *Pacific* erwies sich als zu schwach und konnte nicht verhindern, dass die *Amoco Cadiz* die Felsen vor Portsall rammte und anschließend langsam auseinander brach. Die gesamte Ladung von 223.000 t Öl floss ins Meer. In der Bretagne wurden 200 km Strand verseucht, 15.000 Seevögel verendeten, der wirtschaftliche Schaden wurde auf 230 Mio. DM geschätzt.

### Aegean Captain, Atlantic Empress
*Größe: Atlantic Empress 276.000 BRT;*
*Aegean Captain 200.000 BRT*
*Datum: 19. Juli 1979*
*Ort: vor der Küste Venezuelas*
*Opfer: 30*

Zwei mit zusammen 470.000 t Öl beladene Supertanker, die unter griechischer Flagge fahrende *Atlantic Empress* und die in Liberia registrierte *Aegean Captain*, stießen etwa 40 km vor der Küste Venezuelas zusammen und gerieten in Brand. 29 Seeleute der *Empress* und einer von der *Captain* kamen ums Leben. Die Rekordmenge von 276.000 bis 300.000 t Öl lief aus und bildete einen Ölteppich von 65 km². Das Feuer auf der *Captain* konnte gelöscht werden, die *Empress* wurde jedoch aufs Meer gezogen, wo sie am 29. Juli explodierte und am 2. August endgültig sank. Noch nie zuvor war so viel Öl bei einem Tankerunfall ausgelaufen und noch nie zuvor war ein so großes Schiff gesunken.

### Exxon Valdez
*Größe: Fassungsvermögen 592.113 m³*
*Datum: 24. März 1989*
*Ort: vor dem Hafen Valdez in Alaska/USA*

Kurz vor Mitternacht lief das von dem relativ unerfahrenen Dritten Offizier befehligte Schiff auf das Bligh Riff. Von den geladenen 163.000 t Öl lief lediglich die vergleichsweise geringe Menge von 42.000 t aus, verursachte aber im fischreichen Prince-William-Sund die größte Umweltkatastrophe in der Geschichte der USA. Mehr als eine halbe Million Vögel, tausende Otter und mehrere Grauwale kamen um, 2000 km Küste wurden verseucht. Die Firma Exxon musste 5 Mrd. Dollar Schadenersatz zahlen.

## Frachtschiffe

### Lucona
*Datum: 23. Januar 1977*
*Ort: Indischer Ozean*
*Opfer: 6*

Der Fall *Lucona* stellt einen groß angelegten Versicherungsbetrug dar. Die *Lucona* lief im Januar 1977 vom italienischen Hafen Chioggia aus nach Hongkong. Die angeblich wertvolle Ladung des Schiffes, eine Uranfabrik, war hoch versichert. Im Indischen Ozean bei den Malediven sank der Frachter nach einer Explosion an Bord. Es zeigte sich, dass der deutsche Autoverkäufer Hans Peter Daimler und sein österreichischer Partner Udo Proksch die Versicherungssumme von über 31 Mio. Schweizer Franken kassieren wollten. Nach Auffassung des Gerichts befanden sich im vorderen Laderaum des Frachters zwischen 300 und 600 kg Sprengstoff, die möglicherweise

mit einer Zeitschaltuhr gezündet wurden. Bei einer Untersuchung des Wracks fand man nur Metallschrott. Daimler wurde zu 14 Jahren, Proksch zu lebenslanger Haft verurteilt.

### Sherbro
*Datum: 10. Dezember 1993*
*Ort: vor der Küste der niederländischen Provinz Zeeland*
*Opfer: keine*

Im Dezember 1993 verlor das Containerschiff *Sherbro* bei schwerer See im Ärmelkanal 88 Container, von denen fünf giftige Pflanzenschutzmittel enthielten. Insgesamt wurden bei der Havarie mehr als 12 t des Pestizids „Apron plus" in 720.000 Tütchen freigesetzt und zwischen der französischen Küste und der Deutschen Bucht angeschwemmt. Außerdem ging ein Fass mit giftigem Phenol über Bord. An der niederländischen Küste wurden später 400 tote oder kranke Seevögel angespült, die möglicherweise durch das bei dem *Sherbro*-Unfall ins Meer gelangte Insektizid starben.

### Pallas
*Größe: 10.000 BRT*
*Datum: 25. Oktober 1998*
*Ort: dänische Nordseeküste bei Esbjerg, Amrum*
*Opfer: 1*

Die mit Holz beladene *Pallas* geriet vor der Küste Dänemarks in Brand und strandete vier Tage später vor Amrum. Mehrere Versuche, den Brand zu löschen, scheiterten. Es gelang zudem nicht, den Frachter von der Küste wegzuschleppen. Die erfolglosen Rettungsaktionen ließen Kritik an der Organisation des Küstenschutzes laut werden. An dem ausgelaufenen Öl starben mindestens 16.000 Seevögel, darunter mindestens 11.400 Eiderenten (11 % des Bestandes im Nationalpark Wattenmeer in Schleswig-Holstein) und 3700 Trauerenten (18 % des Bestandes). Die Havarie der *Pallas* zeigt, dass selbst die vergleichsweise geringe Menge von 60 t Öl im empfindlichen Ökosystem Wattenmeer gewaltige Schäden verursachen kann. Vom Wrack wurde noch Monate später Restöl abgepumpt. Nach Entfernung der Aufbauten wurde das Wrack vom Sand im Watt eingespült.

## Passagierschiffe

### Andrea Doria
*Größe: 29.083 BRT*
*Datum: 25. Juli 1956*
*Ort: vor der Küste von Massachusetts*
*Opfer: 50*

Auch die Konstrukteure der *Andrea Doria* behaupteten, das Schiff sei unsinkbar. Der italienische Luxusliner befand sich am 25. Juli

1956 auf dem Weg von Genua nach New York. Um 22.40 Uhr bemerkte der Kapitän bei dichtem Nebel auf dem Radarschirm das Echo des schwedischen Linienschiffes *Stockholm*. Keines der beiden Schiffe verringerte seine Geschwindigkeit. Kurz nach 23.00 Uhr riss der Nebel kurz auf und die Schiffe konnten die Lichter des jeweils anderen sehen. Beide beurteilten die Aktionen des anderen falsch, sodass sich um 23.10 Uhr der scharfe Bug der *Stockholm* steuerbord knapp vor der Brücke in die *Andrea Doria* bohrte. Innerhalb weniger Minuten hatte das italienische Schiff starke Schlagseite und die Schotten wurden überflutet. Da auf der viel befahrenen Route schnell Hilfe herbeieilte, konnten etwa 1600 Passagiere und Besatzungsmitglieder gerettet werden. 45 Reisende der *Andrea Doria* und fünf Besatzungsmitglieder der *Stockholm* starben. Die *Andrea Doria* sank am folgenden Tag um 10.09 Uhr. Weil man in dem Wrack viele Wertsachen vermutete, versuchte man 1964 den Schatz zu heben. Man fand aber nur eine Bronzestatue des Genueser Admirals Andrea Doria aus dem 16. Jh.

### Herald of Free Enterprise
*Datum: 6. März 1987*
*Ort: vor Zeebrugge*
*Opfer: 193*

Die *Herald of Free Enterprise* war eine sog. Ro-Ro-Fähre (von engl. „roll-on", „roll-off"), die an Bug und Heck Ladeklappen besaß. Als das Schiff am 6. März 1987 in Zeebrugge zur Kanalüberquerung nach Dover ablegte, war die Bugklappe noch offen. Sie wird bei vielen Fähren aus Zeitgründen erst während der Fahrt durch den Hafen geschlossen. Für das Schließen war der Oberbootsmann zuständig, der sich jedoch wegen Personalmangel auf der Brücke aufhalten musste. Deshalb hatte er einen Matrosen mit der Kontrolle der Bugklappe beauftragt. Der Matrose allerdings schlief beim Ablegen in seiner Kabine. Der Kapitän konnte die offene Klappe nicht sehen und ging beim Erreichen des offenen Meeres auf volle Geschwindigkeit. Bei leichtem Seegang tauchte der Bug unter, das Schiff nahm Wasser auf, die Ladung verrutschte und die Fähre kenterte. Durch glückliche Umstände gelang die Bergung von 400 Menschen. Seither sind u.a. Kontrollleuchten für die Ladeklappen auf der Brücke vorgeschrieben, deren Einbau die Schifffahrtslinie vorher aus Kostengründen abgelehnt hatte.

### Doña Paz
*Größe: Länge 93 m, Breite 14 m, ca. 2361 BRT*
*Datum: 20. Dezember 1987*
*Ort: Philippinen (Seestraße zwischen den Inseln Mindoro und Marinduque)*
*Opfer: 4386*

Die Personenfähre *Doña Paz* war am 20. Dezember 1987 auf dem Weg von Tacloban auf der Insel Leyte nach Manila, der Hauptstadt der Philippinen. Das für 1586 Personen zugelassene Schiff war hoffnungslos überfüllt. Gegen 22.00 Uhr befand sich nur ein Unteroffizier auf der Brücke. Zur gleichen Zeit befuhr der mit 8800 Fässern Erdölerzeugnissen beladene Tanker *Vector* den gleichen Seeweg in Gegenrichtung. Warum sich die Schiffe nicht bemerkten, ist ungeklärt. Kurz nach 22.00 Uhr kollidierten sie. Die Fracht des Tankers entzündete sich und tauchte beide Schiffe in ein Flammenmeer. Die *Doña Paz* besaß kein Funkgerät und konnte keinen Notruf absetzen. Eine andere Fähre sah das Feuer, konnte aber nur 26 Überlebende mit z.T. schweren Verbrennungen retten. Die *Doña Paz* sank um Mitternacht, die *Vector* einige Stunden später. Da es keine vollständige Passagierliste gab, musste man die Zahl der Opfer auf anderem Weg abschätzen. Es gingen 4317 Vermisstenmeldungen ein. Hinzu kommen 58 Besatzungsmitglieder der *Doña Paz* und 11 der *Vector*. Damit forderte die Katastrophe die größte Zahl an Opfern bei einem Schiffsunglück in Friedenszeiten.

## Estonia

*Größe: Länge 157,02 m, Breite 24,22 m, 15.598 BRT*
*Datum: 28. September 1994*
*Ort: Ostsee*
*Opfer: 852*

Am 27. September 1994 um 19.15 Uhr brach die in Deutschland von der Meyer-Werft in Papenburg gebaute Ro-Ro-Fähre *Estonia* mit 989 Menschen an Bord von Tallinn zu ihrer planmäßigen Fahrt nach Stockholm auf. Nach zunächst mäßigem Seegang frischte der Wind später auf Windstärke 7–8 auf, sodass die Wellen auf drei bis fünf Meter anstiegen und einige Passagiere seekrank wurden. Gegen ein Uhr hörte man vom Bug mehrere Schläge. Ein Matrose schaute nach dem Rechten, konnte aber nichts Ungewöhnliches entdecken. In den nächsten Minuten erschütterten erneut laute Schläge das Schiff und gegen 1.15 Uhr riss die Bugschürze ab. Das Schiff nahm große Mengen Wasser auf, bekam schnell Schlagseite und um 1.50 Uhr verschwand die *Estonia* von den Radarschirmen. Nur 137 Menschen überlebten die Katastrophe, die meisten – 757 Männer, Frauen und Kinder – versanken mit dem Wrack in der kalten Ostsee. Die zur Untersuchung der Katastrophe eingesetzte Kommission kam zu dem Ergebnis, dass die Verankerung der Bugklappe zu schwach gewesen sein müsse, was einen Konstruktionsfehler bedeuten würde. Die Meyer-Werft wies darauf hin, dass diese Verankerung mehrfach verändert worden sei und dass wegen mangelhafter Wartung erhebliche Korrosionsschäden vorgelegen hätten. Zu einem ganz anderen Ergebnis kam später eine von der Meyer-Werft beauftragte Kommission. Danach wurde das Abreißen der Bugklappe durch zwei Bombenexplosionen unterhalb der Wasserlinie verursacht. Es gab Spekulationen, dass auf diese Weise ein Waffentransport von russischer Seite verhindert werden sollte.

---

# Glossar

**abfieren:** an einem Tau herablassen

**Achterdeck:** das hintere Ende eines Decks

**Ausguck: 1.** teilweise umschlossene Plattform hoch am Vordermast eines Schiffes, auch „Krähennest" genannt. **2.** Bezeichnung für den Mann im „Krähennest"

**Backbord:** die linke Seite des Schiffes (auf dem Schiff stehend in Fahrtrichtung gesehen, Gegenteil: Steuerbord)

**Bootsdeck:** Deck eines Schiffes, auf dem die Rettungsboote befestigt sind. Bei der *Titanic* war dies das oberste Deck.

**Brücke:** erhöhter Aufbau mit Rundumsicht auf dem Vorschiff, von wo aus das Schiff gesteuert wird, die Kommandozentrale des Schiffes

**Bruttoregistertonnen (BRT):** entspricht in etwa dem Rauminhalt eines Schiffes (1 m$^3$ = 0,353 BRT)

**Bug:** das vordere Ende eines Schiffes (Gegenteil: Heck)

**Bullaugen:** die runden Fenster eines Schiffes

**CQD** (engl. Abk. für *Come quick, danger!* Komm schnell, Gefahr!): Seenotruf nach dem Morsealphabet in den ersten Jahren nach Einführung des Seefunkverkehrs

**Davit:** schwenkbarer Kranarm an Bord zum Abfieren von Booten

**Deck:** jede den Schiffsrumpf der Höhe nach unterteilende Zwischenwand

**Fockmast:** vorderer Mast eines Schiffes

**Havarie:** Seeschaden (eines Schiffes oder seiner Ladung)

**Heck:** das hintere Ende des Schiffes (Gegenteil: Bug)

**Kiel:** das stählerne „Rückgrat" eines Schiffes in seiner ganzen Länge, an dem die Rumpfstruktur befestigt wird

**Knoten:** Maßeinheit für die Geschwindigkeit eines Schiffes (1 Knoten = 1 Seemeile/Stunde)

**Krängung:** kurzzeitige seitliche Neigung eines Schiffes durch Wind (*s. auch* Schlagseite)

**Laderaum:** Stauraum für Fracht an Bord eines Schiffes, meist unter Deck

**Morsealphabet:** nach seinem Erfinder Samuel Morse (1791 bis 1872) benanntes System für Telegrafie, bestehend aus einer Kombination von Punkten und Strichen für jeden Buchstaben des Alphabets. Nachrichten im Morsealphabet werden entweder über Funk (Morseapparat) oder Licht (Morselampe) übermittelt.

**Niete:** Stifte oder Bolzen aus Stahl, die Stahlplatten zusammenhalten können

**Orlopdeck:** Deck unter der Wasserlinie

**Pier:** Bauwerk, vom Land aus in das Wasser errichtet, dient dem Anlegen sowie dem Be- und Entladen von Schiffen. Länge und Ausrüstung des Piers, z.B. mit Kränen oder Gleisanschlüssen, hängen von den Umschlagaufgaben ab.

**Poopdeck:** Aufbaudeck auf dem Achterschiff

**Promenadendeck:** ein Deck, das sich oben in den Aufbauten befindet und mit Wandelgängen versehen ist

**RMS.:** engl. Abk. für *Royal Mail Ship*

**Ruder:** Vorrichtung zum Lenken eines Schiffes

**Ruderhaus** *s.* Steuerhaus

**Rumpf:** Skelett oder Körper eines Schiffes mit Außenhaut und Oberdeck

**Schlagseite:** dauerhafte Neigung eines Schiffes, z.B. wegen verrutschter Ladung (*s. auch* Krängung)

**Schott:** wasserdichte (Quer-)Wand bei Schiffen, die mindestens bis zur Wasserlinie (Tiefgangsmarke) hinaufreicht

**Seemeile:** 1 Seemeile = 1852 m

**Sonar** (engl. Abk. für *Sound Navigation and Ranging*): dient zum Aufspüren und Lokalisieren von Gegenständen unter Wasser mithilfe von Schallwellen

**SOS:** internationaler Seenotruf nach dem Morsealphabet, der den allgemeinen Seenotruf CQD ablöste. Die Wahl fiel auf die Morsebuchstaben S, O und S, weil sie leicht zu senden und leicht zu erkennen sind. Die Buchstaben stehen nicht für „Save Our Souls" (Rettet unsere Seelen), wie oft behauptet. Im internationalen Seefunkverkehr lautet der Notruf „Mayday". Hilfeleistung sowie Weitergabe der Nachricht sind Pflicht, Missbrauch wird bestraft.

**Steuerbord:** die rechte Seite des Schiffes (in Fahrtrichtung) (Gegenteil: Backbord)

**Steuerhaus:** kleiner geschützter Unterstand für das Steuerrad auf der Brücke eines Schiffes

**Steuermann:** Der Erste Steuermann kommt rangmäßig gleich nach dem Kapitän (heutige Bezeichnung: Erster Offizier). Der Mann am Ruder ist der Rudergänger, nicht der Steuermann.

**Steward/Stewardess:** Mitglied der Schiffsbesatzung, das für Bedienung und Verpflegung der Passagiere zuständig ist

# Register

# Bildnachweis

o = oben, m = Mitte, u = unten, l = links, r = rechts

AKG London 17ur, 21or, 35ul, 38–39, 42u; Howard Barlow 51ur; Bridgeman Art Library, London/New York © Harley Crossley 36–37; V. & A. Museum, London 6or; British Sailor's Society 2r, 32m; Christie's Images Ltd 1999 41ol; Colorific 17ol, 55mr; P. Landmann/Arenok 2ur, 3or, 3ur, 3ol, 4ur, 4ol, 4or, 17mr, 27ol, 28ul, 36or, 54ur, 54or, 55ul; RMS Titanic/Arenok 54ml; Corbis UK Ltd 7ur, 9ur, 16or, 23or, 32ul, 36l, 37om, 45m, 46ur, 49or, 50–51, 52ul, 52ur, 55ol, 10ul; Bettmann 9or; Bettmann/UPI 40ol, 56ul; The Mariners Museum, Virginia 15or; Cyberflix 18ol, 19or, 57or; E.T. Archive Denis Cochrane Collection 4mr, 46ol; Mary Evans Picture Library 4ul, 7um, 13or, 21ol, 22–23, 23ml, 24–25, 24ol, 24om, 25mr, 30ul, 32–33, 35or, 39or, 40or, 40, 42r, 43ul, 46ml, 47ol, 47or; John Frost Newspapers 45ul, 45or; Ronald Grant Archive 56ol, 57ol; Hulton Getty 11ur, 16ul, 26ml, 26m, 33or, 36ul, 39ol, 41or, 43or, 44ur, 47ul, 48r, 49l; Illustrated London News Picture Library 35ur, 48u; The Irish Picture Library/© Father S.J. Brown Collection 18ur; Mit freundl. Genehmigung von James & Felicia Kreuzer 30ml; Kobal Collection 20ᵗʰ C. Fox/Paramount 30ol; Merie W. Wallace 22m; Stanley Lehrer 18mr, 21mr, 43ur; Paul Louden-Brown Collection 8l, 25or, 50ml; Joe Low 22ol, 40–41; Joan Marcus 57or; Mit freundl. Genehmigung von The Mariner's Museum, Newport News VA 34or, 41mr, 43ol; Fotos von Learning Resources Technology mit freundl. Genehmigung des Maritime Museum of the Atlantic in Halifax, Neuschottland/Kanada 35um; National Maritime Museum, London 3ul, 7or, 11or, 18mr, 19ul, 21ur, 27ml, 33ur, 37mr, 48ol, 52–53; © National Museums and Galleries of Northern Ireland, Ulster Folk and Transport Museum 11ul; Harland & Wolff Photographic Collection 8–9, 9mr, 9ol, 10or, 10ur, 11ol, 20ur, 27ur; National Museums and Galleries on Merseyside 2, 21m; Onslow's Titanic Picture Library 5, 12ol, 17ml, 19ur, 19ol, 25ur, 26u, 27ul, 28ml, 30ur, 47mr; Popperfoto 16–17, 28ol, 49u; Onslow's 26r, 56r; Quadrant Picture Library Mike Nicholson 49mr; Rex Features 8or, 32ol, 32or, 34ur, 38l, 57ul; Charles Sachs 17or; Nils Jorgansen 4ml, 14o; Sipa 42ol; Sipa (Cork Examiner) 29ol; Science & Society Picture Library 6u, 6mr; Mit freundl. Genehmigung © „Titanic Survivor" von Violet Jessop hrsg. von John Maxtone-Graham, Sheridan House Inc., 1997 51or; Southampton City Cultural Services 19m, 21ul, 45ur; Frank Spooner Pictures 34ul, 53ur; Jahiel/Liaison/Gamma 24or, 53ul, 54um; Liaison/Gamma 38o; Still Pictures B. & C. Alexander 20ml; Vincent Bretagnolle 31u; Sygma/RMS Titanic Inc. 53ol, 53mro; Bourseiller 26ol; Sotheby's 46mr; The Titanic Historical Society Collection 2or, 24ul, 25ol, 28–29u, 29ml, 31ol, 39mr, 44ol, 46or, 50or; Mit freundl. Genehmigung von Ruth Becker Blanchard 42ml; Goldsmith 29or; Ken Marschall 51m; Topham Picturepoint 16or, 18ul, 20ul, 27or, 31or, 33om, 34ol, 37ol, 44m, 47ur; Vintage Magazine Company Ltd. 29mr; Louis Vuitton, Paris 22ml; Stuart Williamson 51ol, 57ur;

**Einband:** Colorific P. Landman/Arenok Vorderseite or, Rückseite or; E.T. Archive Vorderseite ul, mlr; Ronald Grand Archive Rückseite mlo; © National Museums and Galleries of Northern Ireland, Ulster Folk and Transport Museum; National Museums and Galleries on Merseyside Vorderseite r, Vorsatz; Onslow's Titanic Picture Library m; Rex Features Rücken, Vorderseite ulr, ml, mu, Rückseite ul, ml, mro, mru, oml; Nils Jorgansen Rückseite ml; Sipa Press/Charles Sachs Vorderseite om, Rückseite om; RMS Titanic Inc. Vorderseite ol, mlr, Rückseite ol, oml; Sygma/RMS Titanic Inc. Rückseite um, O.R.E./E. Preau Rückseite mro.

**Illustrationen:** Richard Chasemore (S. 12–15), John Woodcock, Hans Jenssen

# Sehen • Staunen • Wissen-Bände
## Alle Themen auf einem Blick

**Die Erde**
Bäume
Die Erde
Edelsteine & Kristalle
Fossilien
Gesteine &
  Mineralien
Gewaltige Erde
Leben der Pflanzen
Muscheln &
  Schnecken
Pflanzen
Vulkane

**Lebensräume**
Arktis & Antarktis
Leben im Meer
Ozeane
Regenwald
Strand & Meeresküste
Teiche & Flüsse
Wald
Wüsten

**Anfänge des Lebens**
Archäologie
Die ersten Menschen
Dinosaurier
Geschichte des
  Lebens

**Tiere**
Affen
Amphibien
Elefanten
Fische
Fortpflanzung der
  Tiere
Giftige Tiere
Greifvögel & Eulen
Haie
Hunde
Insekten
Insektenkörper
Katzen
Mikroorganismen
Pferde
Reptilien
Säugetiere
Schmetterlinge
Tierbauten
Vögel
Wale & Robben

**Geschichte**
Afrika
Burgen
China
Cowboys
Die großen Entdecker
Hexen & Zauberer
Indianer
Leben im Mittelalter
Piraten
Ritter
Russland
Titanic
Versunkene Schiffe
Wikinger

**Alte Kulturen**
Azteken, Inka, Maya
Das alte Ägypten
Das alte Griechenland
Das alte Rom
Länder & Völker
  der Bibel
Mumien
Mythologie
Pyramiden

**Naturwissenschaften**
Astronomie
Chemie
Das Wetter
Elektrizität
Elektronik
Energie
Evolution
Körper des Menschen
Kraft & Bewegung
Leben
Licht
Materie
Medizin
Menschlicher Körper
Ökologie
Raum & Zeit
Seuchen
Skelette
Stürme, Fluten &
  Lawinen

**Technologie**
Autos
Eisenbahnen
Erfindungen

Flugmaschinen
Kühne Konstruktionen
Landwirtschaft
Roboter
Schiffe
Technik
Weltraumforschung
Zukunft

**Moderne Lebens-
welt**
Die Kunst des Bauens
Fahnen & Flaggen
Film & Kino
Fußball
Geld
Kleidung & Mode
Medien &
  Kommunikation
Musikinstrumente
Olympische Spiele
Religionen
Renaissance
Schrift
Spione
Tanz
Verbrecher &
  Detektive
Waffen & Rüstungen

**Registerband**
Zusammenhänge des
Wissens von A bis Z

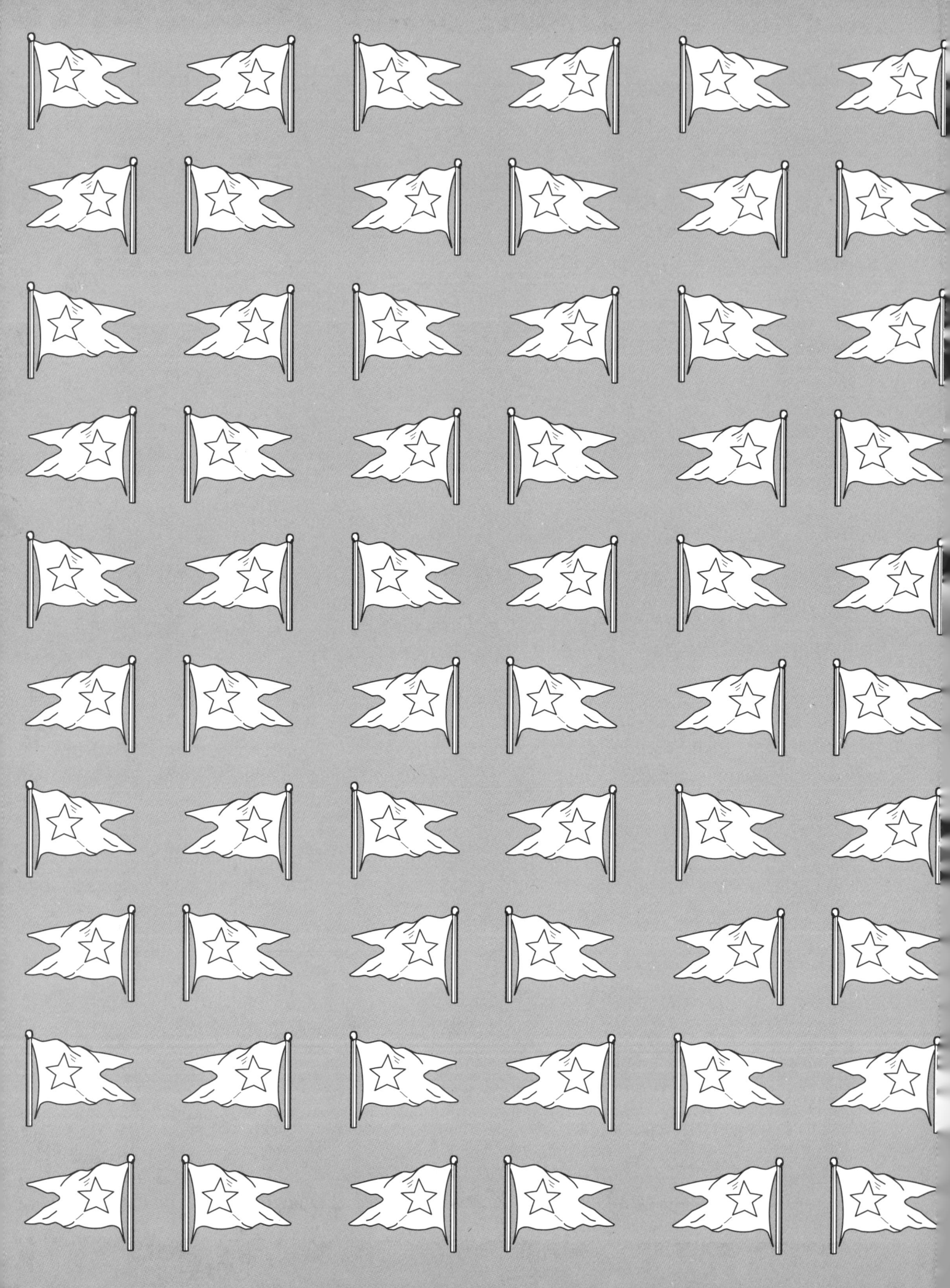